「Unity」で作る VR空間入門

ユニティ

はじめに

「VR（Virtual Reality）」は、簡単に作れる！
それを伝えたくて、この本を書きました。

Meta社の「Meta Quest 2」は、個人でも手に届く価格帯の「VR機器」です。
たくさんのコンテンツが提供されているので、提供されている映像を見たり、ゲームを楽しんだりするのもいいですが、「オリジナルのVRコンテンツを作る」のも、また、オツなものです。

VRコンテンツは「3Dコンテンツ」の一種に過ぎません。
ヘッドセットやコントローラの動きと追従するだけで、作り方は、3Dコンテンツを作るときと一緒です。

*

本書では、ゲームエンジンの「Unity」を使って、VRコンテンツを作っていきます。
Unityには、VRのライブラリがあるため、「VR空間に自分の分身となるカメラ」を置けば完了し、ヘッドセットを覗けば、VRの世界が広がります。
あとはコントローラで動けるようにするなど、肉付けしていくだけです。

Unityでは、「アセットストア」で、さまざまのな素材を入手できます。
いろんな素材をダウンロードしてVR空間に置けば、オリジナルのVRコンテンツがすぐに作れます。
また、国土交通省は、日本の主要都市の3Dモデルを配布しています。
こうした都市モデルをVR空間に置けば、「自分の街」を歩いたり、上空を飛んだりするのも自在です。

*

自分で作った空間が歩ける「VRコンテンツ作り」…こんな楽しいこと、やってみない手はありません。
楽しい世界が、きっと、始まるはずです！

大澤文孝

「Unity」で作るVR空間入門

CONTENTS

第**1**章

VR対応アプリを作る準備

VRを実現する、さまざまな機械。自分でプログラムを作るのは難しそうですが、実は、そこまで難しくありません。

この章では、VR対応アプリを作る準備について説明します。

1-1　　　　　　　　Meta Quest 2

本書では、VR機器として、Meta社の「Meta Quest 2」を使います(**図1-1**)。

ヘッドセットと左右のワイヤレスコントローラがセットになった機器です。被ってゲームや動画を楽しめます。

Meta Quest 2のOSは、「Android」です。
そのため、Meta Quest 2向けの開発をするのであれば、Androidアプリと同様に(つまり、スマホゲームなどを作るときと同じように)プログラミングします。

図1-1　Meta Quest 2

1-2　VR対応アプリを作るには

　VRは、3Dの一種です。左右の目それぞれから視差に応じた映像を見ることで、立体として見えます。

　頭に被ったヘッドセットは、3D空間のカメラです。
　頭の向きを変えれば、それに追従してカメラが動きます。
　手に持った左右のコントローラを動かせば、VR空間の中で、動いたり、モノを持ったりなどの操作ができます。

　結局、VRというのは、ヘッドセットやコントローラの動きに応じて、「カメラの位置を動かせるようにした3D空間」にすぎません。

　ですから、その連動をうまく調整すれば、3Dソフトウェアで作ることができます。

1-3　Unityを使ってVRを作る

　Unityは、3Dのゲームエンジンです。PCゲーム、スマホゲーム、コンシューマゲームなど、さまざまな場面で使われています。

　個人の年間収益が10万米ドル以下の場合は、無料でダウンロードして利用できます。

■VR開発のライブラリやフレームワーク

　VR機器ベンダーは、Unity向けのさまざまなライブラリを提供しています。
　たとえば、「Oculus統合SDK」はMeta Quest 2を開発するためのVRライブラリですし、SteamVR対応機器向けの開発ライブラリ「SteamVRプラグイン」などもあります。

　こうしたライブラリは、ヘッドセットの動きを検知して、3Dソフトウェアのカメラを動かすように連動します。そのため、頭を上下左右に動かせば、その方向が見えます。
　また、コントローラの状態をプログラムに伝える機能もあります。

■XR Interaction Toolkit

本書では、開発ライブラリとして、「XR Interaction Toolkit」を使います。

これは「OpenXR」という汎用的なVR・ARのライブラリを使うことで、汎用的なVR・AR開発を実現するものです。

本書では、Meta Quest 2を想定しますが、Meta Quest 2以外にも、Windows Mixed RealityやHoloLensに対応した機器など、さまざまなVR機器向けの開発ができます。

読み進めるとわかりますが、XR Interaction Toolkitの利用は、とても簡単です。カメラに相当するオブジェクトを取り付けるだけでヘッドセットの動きと連動するので、「その向きの映像が見える」というところまでは、ほぼ、何もする必要がありません。

提供されているコードのサンプルを活用することで、コントローラで動けるようにしたり、モノを掴んだりするのも簡単です。

いったいどんなことができるようになるのか興味がある人は、先に**第6章**を見てみてください。

1-4 Unityのダウンロードとインストール

次の章から、実際に、XR Interaction Toolkitを使って開発していきますが、それに先だって、Unityをインストールしておきましょう。

先にも説明したように、個人の年間収益が10万米ドル以下の場合は、無料で使えます。次のサイトからダウンロードしてインストールします。

なお、Unityの利用には、「Unity ID」の登録が必要です。登録を促されたら、メールアドレス等を入力して、Unity IDを取得してください。

[メモ]

> Unityには、「LTS版（長期サポートリリース）」と「開発版」があります。ダウンロードページからは、LTSの最新版をダウンロードできます。

【Unity ダウンロード】

https://unity3d.com/jp/get-unity/download

ダウンロードしたら起動して、画面の指示通りにインストールしていきます。

インストールの途中では、[Add modules] の「Android Build Support」に
チェックを付けてください(**図1-2**)。

Meta Quest 2のOSはAndroidであるため、これをインストールしないと、
開発できません。

図1-2　Android Build Supportを有効にする

第2章

はじめてのVR対応アプリ

> この章では、Unityでプロジェクトを作り、
> 「Meta Quest 2」にインストールして動かすま
> での方法を説明します。

2-1　この章で作るもの

　この章の目的は、プロジェクトを作ってビルドし、「Meta Quest 2」に転送して動かすまでの流れを理解することです。

　そのための作例として、とてもシンプルな「VRアプリ」を作ります。

■物体の配置

　図2-1のように4つのキューブを置き、あなたはその中心に居るような空間を考えます。

　前後・左右を向けば、その方角の映像が見えます（図2-2）。

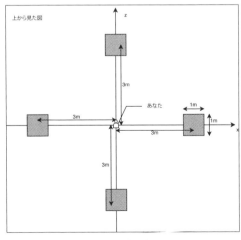

図2-1　この章で作るもの

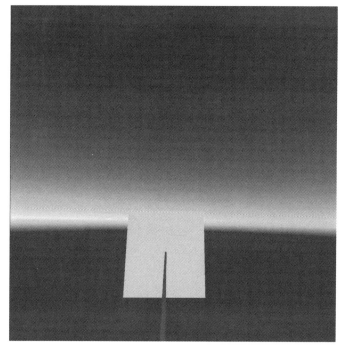

図2-2 VRカメラからの映像例

■長さの単位と座標系

VRに限らず、3Dのものを扱うときは、カメラの位置や物体の位置・寸法が正しいことが重要です。

これらが間違っていると、操作やプログラムが正しくても「隠れて見えない」「その方向にはない」ということが起こります。

●長さ

Unityでは、(拡大・縮小率を示すスケールを設定しない限り)「1単位」を「1メートル」として扱います。

●座標系

Unityの座標系は「左手系」と呼ばれるもので、前後左右方向が「X軸」と「Z軸」、上下方向が「Y軸」です(図2-3)。

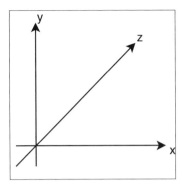

図2-3　Unityの座標系

2-2　プロジェクトの新規作成

まずは、プロジェクトを新規作成します。

手　順　プロジェクトの新規作成

[1] プロジェクトを新規作成する

「Unity Hub」を起動し、[Projects]をクリックして、プロジェクト画面を開きます。

次に、右側の[New project]ボタンをクリックします。

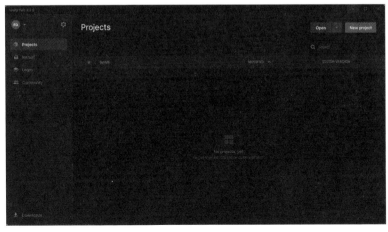

図2-3　プロジェクトの新規作成

[2] 3Dプロジェクトとして作成する

[3D]をクリックして、3Dプロジェクトとして作成します。

右側の[Project name]の欄には、プロジェクト名を入力します。
名前は任意でいいですが、ここでは「example_chap02」とします。

[Create project]をクリックして、プロジェクトを作ります(**図2-4**)。

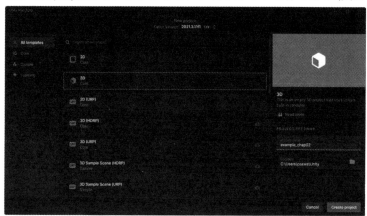

図2-4　3Dプロジェクトとして作成する

Column レンダリングパイプライン

　3Dのプロジェクトには、「3D」「3D (URP)」「3D (HDRP)」の3種類があり、
それぞれ「レンダリングパイプライン」と呼ばれる描画方法が異なります。
　本書では安易に、古くからある「3D」で作成していますが、「3D (URP)」を使
うと動作が軽量で表現力が増し、「3D (HDRP)」を使うと動作速度を少し犠牲に
して、さらに表現力が増します。

2-3 Unityの基本操作

プロジェクトを新規作成すると、**図2-5**の画面が表示されます。

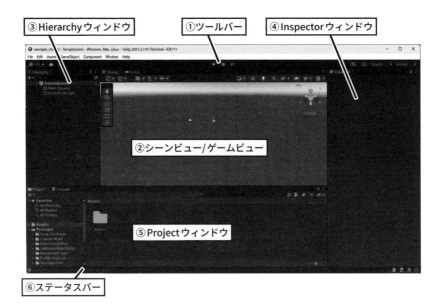

図2-5　プロジェクトを開いた直後の画面

図2-5に示したように、画面はいくつかの部分に分かれています。

・Unityのインターフェイス

https://docs.unity3d.com/ja/2022.2/Manual/UsingTheEditor.html

■①ツールバー

作業でよく使う基本的な機能のボタンが表示されています。

■②シーンビュー/ゲームビュー

画面中央の大きな領域は、[シーン (Scene)] や [ゲーム (Game)] を表示する部分です。

タブで切り替えるほか、2つ並べて表示することもできます。

・シーンビュー

「シーン」とは、日本語で言えば「場面」のことで、ここに、カメラやライト、自分のキャラクタ、敵のキャラクタ、壁、木など、登場するさまざまなモノを配置して、ゲームの場面を作ります。

シーンに配置する、こうしたさまざまなモノのことを「ゲームオブジェクト」（文脈によっては略してオブジェクト）と言います。

ゲームオブジェクトは、それぞれが「位置」「向き」「大きさ」をもっており、シーン上を占める場所が定められます。

・ゲームビュー

シーンに配置されたカメラから見える映像をプレビューする画面です。

ツールバーの[再生]ボタンをクリックすると、プレビューが表示されます。

■③Hierarchy（ヒエラルキー）ウィンドウ

シーンに配置した、すべてのゲームオブジェクトを階層表示するウィンドウです。

このウィンドウで、ゲームオブジェクトを選択したり、新しいゲームオブジェクトを追加したりできます。

プロジェクト作成直後は、「Main Camera」と「Directional Light」の2つが配置されています（図2-6）。

・Main Camera

メインのカメラです。このカメラは、あとでVRのカメラに相当するXR Originを追加すると、もう使われません。

・Directional Light（ディレクショナルライト）

太陽のように遠くにある光源で、シーン全体を照らすのに使います。

[メモ]

「ライト」には、一点を光らせる「ポイントライト」、特定の範囲を光らせる「スポットライト」、平面を光らせる「エリアライト」、表面を発光する「発光マテリアル」、シーン全体の明るさを調整する「アンビエントライト」があります。

https://docs.unity3d.com/ja/2022.2/Manual/LightingOverview.html

図2-6　Hierarchyウィンドウに配置されたカメラとライト

■④Inspector（インスペクタ）ウィンドウ

選択しているゲームオブジェクトに関するプロパティ（設定）が一覧表示される場所です。

ゲームオブジェクトには振る舞いを設定でき、その制御をする部品のことを「コンポーネント」と言います。

「位置・向き・大きさ」「色や素材」などの見栄えのほか、「制御するスクリプト（プログラム）」「ぶつかったときの振る舞い」なども、コンポーネントとして設定します。

■⑤Project（プロジェクト）ウィンドウ

プロジェクト内で利用できる、「アセット（**Assets**）」と呼ばれる部品やスクリプト（プログラム）など、一式が表示されています。

［メモ］

> 「アセット」とは、Unityのプロジェクトで利用できる、3Dモデルやテクスチャ、スクリプトなどの素材集のことです。

■⑥ステータスバー

Unityの処理に関する情報が表示されます。

2-4　XR Interaction Toolkitのインストール

次にXR Interaction Toolkitをインストールして、VRのさまざまな機能を使えるようにします。

手　順　XR Interaction Toolkitのインストール

[1] Package Managerを開く

　[Window]メニューから[Package Manager]を開きます（図2-7）。

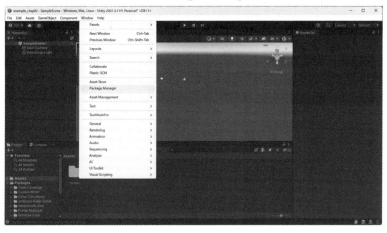

図2-7　Package Managerを開く

[2] 名前を入力してインストールする

左上の[＋]をクリックして、[Add package by name]を選択します(図2-8)。

[メモ]

> 「XR Interaction Toolkit」は、Unity Registoryにも登録されており、そこから
> インストールすることもできますが、少しバージョンが古いため、名前を入力
> して、最新版を使います。
> 本書の執筆時点では、Unity Registryに登録されているバージョンは「2.0.3」
> でした。

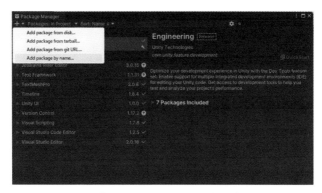

図2-8　[Add package by name]を選択する

[3] 「com.unity.xr.interaction.toolkit」を追加する

名前の入力欄が表示されたら、XR Interaction Toolkitの名前である「com.
unity.xr.interaction.toolkit」と入力し、[Add]をクリックします(図2-9)。

図2-9　「com.unity.xr.interaction.toolkit」を追加する

[4] 組み込んでUnityを再起動する

図2-10に示すメッセージが表示されるので、[Yes]をクリックすると、組み込まれて、Unityが再起動します。

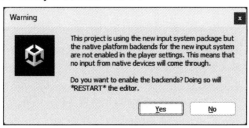

図2-10　組み込んで再起動する

[5] XR Interaction Toolkit向けに変更する

XR Interaction Toolkitを組み込むにあたり、構成を変更するかどうかが尋ねられます。

[I Made a Backup, Go Ahead!]をクリックして、構成の変更を適用します（図2-11）。

さらに現在の構成を保存するかを尋ねられるので、[Save]をクリックします（図2-12）。

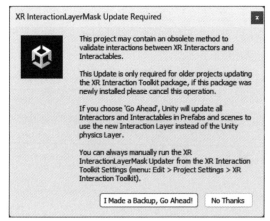

図2-11　XR Interaction Toolkitをプロジェクトに組み込む

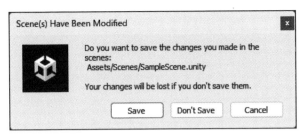

図2-12　プロジェクトを保存する

[6] サンプルをインポートする

同じく Package Manager を開き、XR Interaction Toolkit を開きます。

[Samples]にある[Starter Assets]の[Import]をクリックして、プロジェクトに取り込みます（**図2-13**）。

この章では使いませんが、次章以降にて、このアセットに含まれる便利なプログラムを活用します。

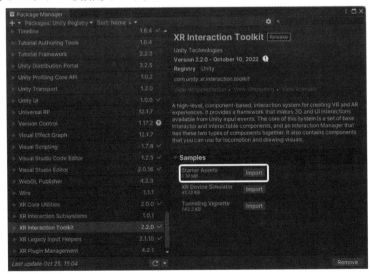

図2-13　サンプルをインポートする

[7] Package Manager を閉じる

ここまでで、XR Interaction Toolkitのインストールは完了です。

[×]ボタンをクリックして、Package Managerのダイアログボックスを閉じてください。

2-5 XR Originの配置

VRでは、ヘッドセットを被った自分自身が、シーン上を動き回ります。その「自分」に相当する「XR Origin」というオブジェクトを配置します。

■XR Originの種類

XR Originには3種類あり、Hierarchyウィンドウの[+]ボタンをクリックして追加します（図2-14、表2-1）。

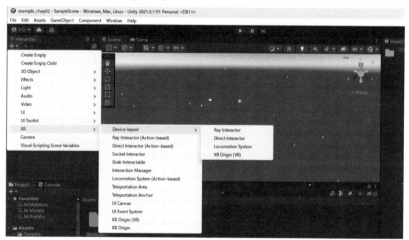

図2-14　3種類のXR Origin

表2-1　XR Originの違い

項　目	コントローラ	デバイス依存
①Device-basedの下の[XR Origin(VR)]	○	Yes
②XR Origin(VR)【本書ではこれを使う】	○	No
③XR Origin	×	―

まず大きく、「(VR)」が付いているか付いていないかで分かれます。

(VR)が付いているものは、自分自身のカメラとともに、「VRを操作するデバイス」(Meta Quest 2の左右の手に握るコントローラ)に対応するオブジェクトも一緒に作られます。

具体的に言えば、上記の①と②はコントローラに対応するオブジェクトが作られ、③は作られません。

①と②の違いは、コントローラの入力をプログラミングする方法です。
Device-basedの下のほうは「デバイス固有の方法で行なうもの」で、そうでないほうは「汎用的なやり方で行なうもの」です。

本書では、②の「汎用的なやり方」で実装していきます。

■XR Origin(VR)を追加する

実際に、XR Origin(VR)を追加します。

手 順

[1] XR Origin(VR)を追加する
　Hierarchyウィンドウの[+]ボタンをクリックし、[3D Object]―[XR Origin(VR)]を選択します(図2-15)。

図2-15　XR Origin(VR)を追加する

[2]追加されたオブジェクトを確認する

　Hierarchyウィンドウ上に、「XR Interaction Manager」と「XR Origin」が追加されます。

　前者はXR Interactionを管理するオブジェクトで、後者は、VR空間において、自分自身を示すオブジェクトです。

　[XR Origin]のツリーを展開して確認すると、[Camera Offset]があり、その下に[Main Camera][LeftHand Controller][RightHandController]があるのが分かります（図2-16）。

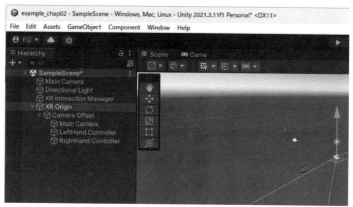

図2-16　XR Originを確認する

　XR Originは、ヘッドセットを被ったあなた自身です。
　この位置から、あなたは映像を見ることになります。

　XR Originの配下には[Camera Offset]があり、その下に[Main Camera]というカメラがあります。あなたが見る映像は、このカメラが映し出すものです。

　そして、このカメラは、あなたの動きに自動的に追従します。
　右を向けばカメラは右を向きますし、左を向けばカメラは左を向きます。
　立てば上から覗き込み、しゃがめば、高さは低くなります。

　プロジェクトの開始直後に、Hierarchyウィンドウの[＋]ボタンを押したときは、原点にオブジェクトが配置されるので、ここでは、そのまま位置を移

動しませんが、初期位置を変更したいときは、次の「2-6　キューブを配置する」と同じ方法で、XR Originの初期位置を設定するとよいでしょう。

[メモ]

XR Originの配下の[Camera Offset]は、「カメラの高さ」を示します。

デフォルトでは「1.1176」に設定されており（この設定値は、InspectorウィンドウのTransformで実際に確認できます）、これは「目の高さ」が、だいたい「1.1176メートルぐらい」にあることを示します。

2-6　キューブを配置する

VRを使うための初期設定は、ここまでです。

シーン上に、図2-1に示した4つのキューブを作りましょう。

手　順　キューブを作る

[1]キューブを追加する

Hierarchyウィンドウの[＋]ボタンをクリックし、[3D Object]－[Cube]を選択します（図2-17）。

図2-17　キューブを追加する

[2]位置を調整する

キューブが配置されます（図2-18）。

キューブが「シーン上」だけでなく、Hierarchyウィンドウのツリーにも存在することを確認して、適切な位置に移動します。

配置したキューブは「選択状態」となっています。

「選択状態」のときは、左上のツールを選択して、移動や回転、頂点の編集などができます（図2-19）。

配置直後は、Moveツールが選択された状態となっており、マウスでドラッグして移動できます（表示されている矢印をドラッグすると、その方向にだけ移動できます）。

[メモ]

操作していて選択状態が外れてしまったときは、シーン上で、このキューブをクリックして選択する、もしくは、Hierarchyウィンドウのツリー上でクリックして選択してください。

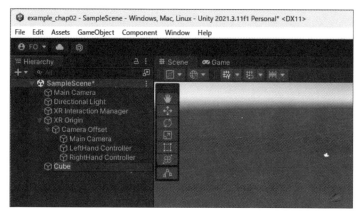

図2-18　配置されたキューブ

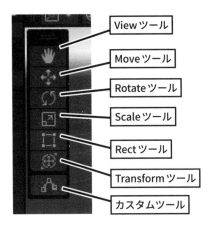

図2-19　選択中のオブジェクトを操作するツール

・View ツール　マウスのドラッグで視点を移動する
・Move ツール　マウスのドラッグで移動する
・Rotate ツール　マウスのドラッグで回転する
・Scale ツール　マウスのドラッグで大きさを変える
・Rect ツール　頂点の位置を変える
・Transform ツール　変形する
・カスタムツール　選択しているオブジェクトによって異なるツール

　マウスで正確な位置に移動するのは難しいです。
　今回の作例では、正確に移動する必要はありませんが、試しに
Inspector ウィンドウから数値入力で設定することにします。

　どのようなオブジェクトであっても、Inspector ウィンドウには、その
オブジェクトの「位置（Position）」「向き（Rotation）」「大きさ（Scale）」を設
定する Transform というコンポーネントがあります。
　この設定を変更します。

　キューブが原点にあれば、位置を示す Position は、(0, 0, 0) です。配置
直後は回転もしておらず Rotation は (0, 0, 0) です。
　そして大きさは (1, 1, 1) に設定されており、1辺の長さが1メートルに
設定されています（図2-20）。

配置したこのキューブを、ひとまず、(0, 0, 3)に設定します。
その場で、シーン上のキューブが、その位置に移動します(図2-21)。

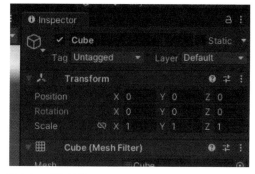

図2-20　配置直後のTransformコンポーネントの設定値

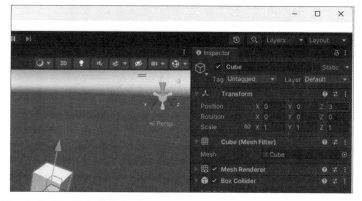

図2-21　(0, 0, 3)の位置に移動する(見やすいようシーンを拡大して表示しています。以下同じ)

[3]残りのキューブを追加する
同様にして、残り3つのキューブも追加します。

＜2つめのキューブ＞
・Hierarchyウィンドウの[＋]ボタンをクリックし、[3D Object]―[Cube]
を選択
・TransformコンポーネントでPositionを(0, 0, -3)に設定

<3つめのキューブ>

・Hierarchy ウィンドウの[＋]ボタンをクリックし、[3D Object]―[Cube]
を選択

・Transform コンポーネントで Position を (3, 0, 0) に設定

<4つめのキューブ>

・Hierarchy ウィンドウの[＋]ボタンをクリックし、[3D Object]―[Cube]
を選択

・Transform コンポーネントで Position を (-3, 0, 0) に設定

これで計4つのキューブが配置されたはずです(図2-22)。

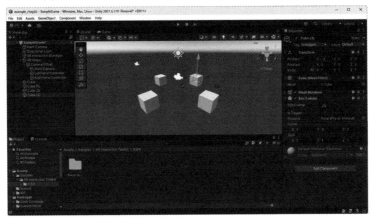

図2-22　4つのキューブを配置したところ

Column シーンウィンドウ上の操作

シーンウィンドウでは、ゲームオブジェクトを操作しますが、「小さすぎて見えない」「この角度からは見にくい」など、やりにくいことがあるかと思います。
そのときは、次のような操作を組み合わせてみてください。

・拡大縮小

マウスホイールを前後すると、拡大・縮小率が変わります。

・視点の変更

Viewツール（図2-19を参照）をクリックしてから、マウス操作すると、その方向に視点が移動します。

・シーンギズモからの操作

シーンウィンドウの左上には、「シーンギズモ」と呼ばれるUIが表示されています（図2-23）。
円錐を逆さにしたアームがあり、これをクリックすると、その方向から見た視点に切り替わります。

[メモ]

シーンギズモを動かしすぎて、視点がよく分からなくなってしまったときは、[Scene]タブを右クリックして[Close Tab]をクリックして一度閉じて、[Game]タブを右クリックして[Add Tab]ー[Scene]をクリックして、再度、開き直すとよいでしょう。

図2-23 シーンギズモ

・ワイヤフレームで表示する

オブジェクトをたくさん配置して背後が見えなくなったときは、ワイヤフレームで表示する方法もあります。

[Draw Mode]ボタンをクリックし、[Wireframe]を選択すると、ワイヤフレーム表示に切り替わります。

元に戻すときは、[Shaded]を選択します（図2-24）。

図2-24　ワイヤフレームに切り替える

ほかにも、さまざまな便利な操作方法があります。

公式ドキュメントの「シーンビューの操作」（https://docs.unity3d.com/ja/2022.2/Manual/SceneViewNavigation.html）を参考にしてください。

2-7　　　　　ビルドと実行

キューブが完成したので、これをMeta Quest 2で実行してみましょう。

■開発者モードを有効にする

実行にあたっては、まず、Meta Quest 2を開発者モードに変更しなければなりません。

（Meta Quest 2自体の画面ではなく）Meta Quest 2を初期設定したスマホで[Meta Quest]アプリを起動して、次のように開発者モードを有効にします。

この操作は、初回に一度だけ行なえば大丈夫です。

手　順　開発者モードを有効にする

[1] 開発者モードを開く

Meta Quest 2と連携済みのスマホで、Meta Questアプリを起動し、[デバイス]のメニューから対象のMeta Quest 2を選択して、[開発者モード]をタップします(図2-25)。

図2-25　開発者モードを開く

[2]開発者アカウントの設定をはじめる

　ログインしているアカウントが、開発者アカウントではない場合は（ほとんどの場合は、まだ開発者のアカウントではないはずです）、図2-26のように組織を作るように促されるので、［スタート］をクリックします。

図2-26　開発者設定をはじめる

[3]開発者アカウントを作る

　画面の指示通りに進めると、組織を作るページに入ります。

　企業であれば企業名、同人サークルや個人であれば開発グループの名前などを入力し、［送信］をクリックします（図2-27）。

　ここで入力した名前は、作ったUnityのプログラムを配布するときの名前にもなるので、自分だけが楽しむのではなく、作ったものを誰かに配布しようと考えているのであれば、その点も配慮した名前を付けてください。

　このあと「NDAの確認」などがありますが、画面の指示通りに進めれば、作った組織の開発者として登録が完了します。

図2-27　組織を登録する

[4]開発者モードを有効にする

　このように開発者として登録してから、開発者モードの画面を再度開き直すと、有効にするボタンが現れているのが分かります。

　ここで、開発者モードを有効にします（図2-28）。

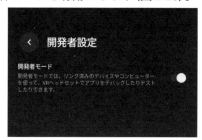

図2-28　開発者モードを有効にする

■Meta Quest 2 向けにビルド設定する

次に、このプロジェクトをMeta Quest 2向けに、「ビルド」(構築)の設定をします。

この作業は、プロジェクトを新規作成したあと、1回だけ行なえば大丈夫です。

手　順	Meta Quest 2向けにビルドを設定する

[1] ビルド設定を開く

[File]メニューから[Build Settings]をクリックします(図2-29)。

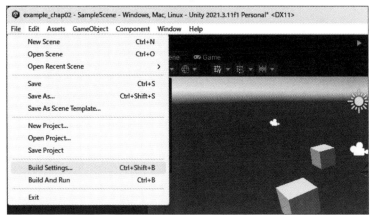

図2-29　[Build Settings]を開く

[2] ターゲットをAndroidに設定する

Meta Quest 2のOSはAndroidであるため、Android向けのターゲットに変更します。具体的には、次の操作をします(図2-30)。

・[Platform]で[Android]を選択
・[Texture Composition]で[ASTC]を選択
・[Switch Platform]をクリック
・ウィンドウ右上の[×]をクリックして、この設定画面を閉じる

[メモ]

設定項目の詳細は、Meta Questの開発者マニュアルを参照してください。
https://developer.oculus.com/documentation/unity/unity-conf-settings/

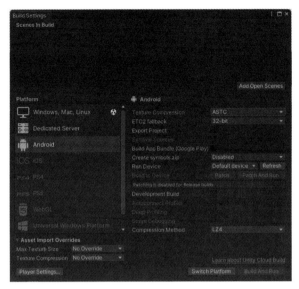

図2-30 ターゲットをAndroidにする

[3]プロジェクトの設定を開く

続いて、[Edit]メニューから[Project Settings]をクリックし、プロジェクトの設定を開きます(図2-31)。

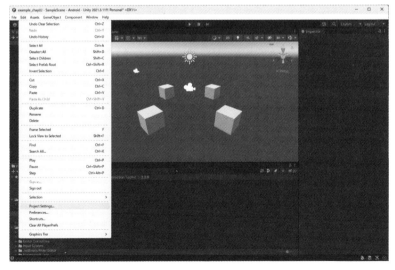

図2-31 プロジェクトの設定を開く

[4] XR Plugin Managementのインストール

左ツリーから[XR Plugin Management]をクリックします。

[Install XR Plugin Management] をクリックして、XR Plugin Management をインストールします(図2-32)。

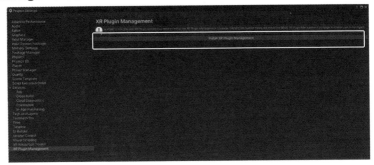

図2-32　XR Plugin Managementのインストール

[5] Oculus を有効にする

インストールすると、ターゲットを選択できるようになります。[Oculus]にチェックを付けます(図2-33)。

[メモ]

Oculus は、Metaの旧称です。

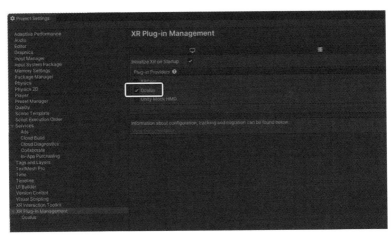

図2-33　Oculusを有効にする

[6] Player の Other Settings を開く

　同じくプロジェクトの設定画面で、こんどは [Players] をクリックします。そのなかにある [Other Settings] を展開して開きます（**図2-34**）。

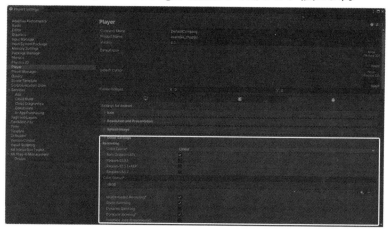

図2-34　Playerの Other Settings を開く

[7] Androidのバージョンを変更する

　下のほうにスクロールし、[Minimum API Level] を「29以上」にします（**図2-35**）。

［メモ］

APIのバージョンについては、以下を参照してください。

https://developer.oculus.com/blog/meta-quest-apps-must-target-android-10-starting-september-29/

［メモ］

　そのほか、ビルドしたアプリを配布する場合は、ターゲットを「64ビット」にしますが、本書では、その設定はしません。

https://developer.oculus.com/blog/quest-submission-policy-update-64-bit-by-default/

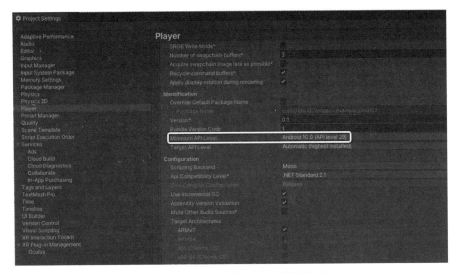

図2-35　[Minimum API Level]を「29」にする

■Meta Quest 2で実行する

Meta Quest 2とPCをUSBケーブルでつなぎます。

つなぐと、Meta Quest 2の画面に図2-36に示す「USBデバッグを許可するか」の確認メッセージが表示されるので、[このコンピューターから常に許可]または[許可する]をコントローラで選びます。

本書では、このあとも、さまざまなサンプルを作っていくので、[このコンピューターから常に許可]を選択するといいでしょう。

図2-36　USBデバッグを許可する

この状態で、Unityで［File］メニューから［Build And Run］をクリックします（図2-37）。

初回に限り、パッケージ名が尋ねられるので、適当な名前（たとえばプロジェクト名と同名の.apk）を入力してください（図2-38）。

また未保存のファイルがあるときは、ファイルを保存するか尋ねられるので、その場合は、［Save］をクリックして保存してください。

ビルドが完了するとMeta Quest 2に転送され、実行されます。

［メモ］

> ［Build And Run］のショートカットキーは、［Ctrl］＋［B］キーです。
> このキーを押せば、すぐに確認できます。

Meta Quest 2のヘッドセットで上下左右を向けば、その方向に変わります。また、しゃがめば、視点を下に移動することもできます（図2-39）。

図2-39を見るとわかるように、実行画面には「青い線」と「赤い線」が示されます。

「青い線」は、Meta Quest 2で動ける範囲を設定した「ガーディアン」（境界線）です。

「赤い線」は、コントローラから延びている線です。いまはまだコントローラの設定をしていないので、赤い線が、ずっと出っ放しになっています。

赤い線については、次章以降で解決していきます。

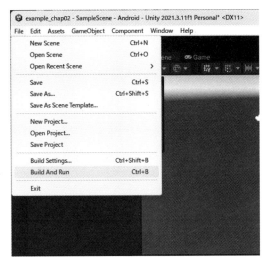

図2-37　ビルドして実行する

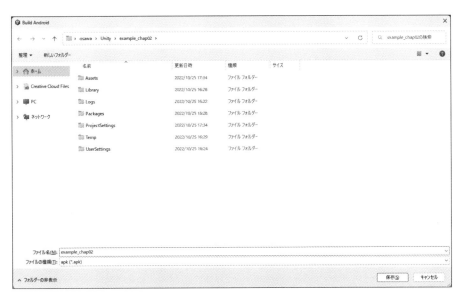

図2-38　パッケージに名前を付ける

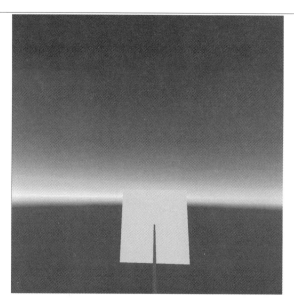

▲実行直後

▲左を向いたところ

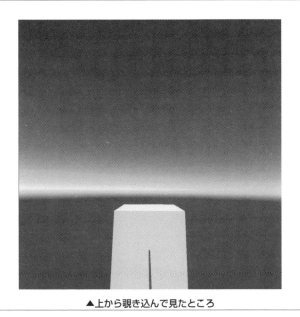

▲上から覗き込んで見たところ

図2-39　Meta Quest 2での実行結果

Column 実行したアプリを単体で実行する

　一度実行したアプリは、Meta Quest 2に保存され、以降は、PCに接続しなくても再実行できます。

　保存されたアプリは、一般のアプリと同じく[アプリ]のところに、[提供元不明のアプリ]として登録されています(図2-40、図2-41)。

図2-40　提供元不明のアプリを開く

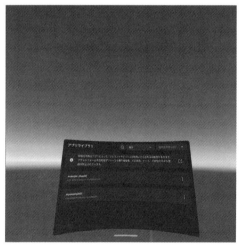

図2-41　PCから転送したアプリ(コントローラで選択すれば起動できる)

第3章

コントローラ操作で動けるようにする

この章では、コントローラを操作して、前後
左右に動けるようにします。

また、空間上の物体との衝突判定をして、ぶ
つかったときは、それ以上、進めないようにも
します。

3-1　　　　　　　　この章で作るもの

　この章では、コントローラを操作して、自身が前後左右に動けるようにしま
す。

■XR Originを理解する

　第2章でも少し触れましたが、XR Interaction Toolkitを使ったプロジェク
トでは、「XR Origin」が自分の分身です。

　XR Originの下には「Camera Offset」があり、その下に「Main Camera」
「LeftHand Controller」「RightHand Controller」がある、「階層構造」をとって
います(図3-1)。

　Unityでは、オブジェクトが階層構造をとるとき、上位のオブジェクトを動
かすと、その下の階層のオブジェクトも合わせて一緒に移動します。

　つまり、コントローラで操作して、前後左右に動けるようにするには、この
XR Originの位置や向きを変更するように制御します。

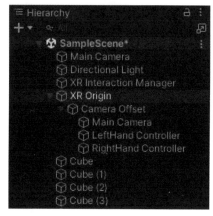

図3-1　XR Originの階層構造

■移動と回転

自分が移動するには、2つの考え方があります。

1つは、よくある2Dゲームのキャラクタのように、正面を向いたまま前後左右に動く方法——いわゆる「カニ歩き」です。

もう1つは、移動方向は前後のみとし、左右に動くときは回転し、向きを変えて動く方法です（**図3-2**）。

作りたいものにもよりますが、VRの場合は、後者のほうが自然です。そこでこの章では、後者の方法で実装します。

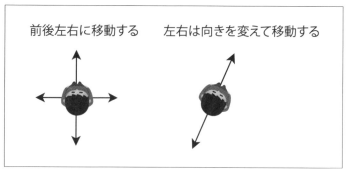

図3-2　移動と回転

■コントローラのボタンについて

Meta Quest 2のコントローラは、「左手に持つコントローラ」と「右手に持つコントローラ」があり、それぞれにボタンが付いています。

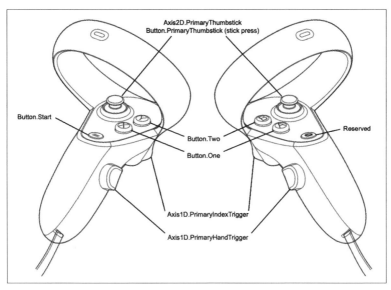

(https://developer.oculus.com/documentation/unity/unity-ovrinput/ より引用)
図3-3　コントローラのボタン

●サムスティック(PrimaryThumbstick)

移動や選択などに使う、上下左右のボタンです。

●トリガーボタン(PrimaryIndexTrigger)

人差し指のところに割り当てられているボタンで、選択などに使います。
アナログスイッチになっており、押し込んだ量も分かります。

●グリップボタン(PrimaryHandTrigger)

中指のところに割り当てられているボタンで、選択などに使います。
これもアナログスイッチになっており、押し込んだ量も分かります。

●各種ボタン(A、B、X、Y、スタート)

押しボタンスイッチです。

タッチセンサーにもなっており、押したときだけでなく、触れたかどうかも判定できます。

この章では移動に、右コントローラの「サムスティック」(Thumbstick)を使うことにします。

3-2 Locomotion Systemで動かす

XR Interaction Toolkitには、Locomotion Systemというコンポーネントがあり、このコンポーネントを使うと、XR Originを簡単に動かせます。

■Locomotion Systemの役割

Locomotion Systemは、XR Originの移動や回転など移動運動(Locomotion)を司るコンポーネントです。

ほかのコンポーネントからの移動指示を受けて、実際に、XR Originの位置や角度を調整します。

・Locomotion System
https://docs.unity3d.com/Packages/com.unity.xr.interaction.toolkit@2.2/
api/UnityEngine.XR.Interaction.Toolkit.LocomotionProvider.html

■Locomotion Provider

Locomotion Systemに指示を与えるのが、Locomotion Providerで、次の4種類があります。

・Continuous Move Provider	移動
・Continuous Turn Provider	回転
・Snap Turn Provider	指定した方向に、一度に回転。
	Continus Turn Providerは少しずつ回転するのに対して、Snap Turn Privoderは、一気にその向きを向くので、VR酔いを防げる。

・Teleportation Provider　　　指定した位置にテレポーテーション

https://docs.unity3d.com/Packages/com.unity.xr.interaction.toolkit@2.2/
api/UnityEngine.XR.Interaction.Toolkit.LocomotionProvider.html

　これらのLocomotion Providerには、動かすためのコントローラを設定します。
　すると、そのコントローラの動きに応じて、Locomotion Systemに移動運動の命令が伝わって、XR Originが動くようになります。

　以下の操作では、「Constrained Move Provider」と「Continuous Turn Provider」を使って、コントローラで前後に動いたり、左右に回転したりできるようにしていきます。

■Input Action Manager

　コントローラから入力を受け取るのは、「Input Action Manager」というコンポーネントです。
　第2章のようにXR Interaction Toolkitを構成した場合、XR Originには、このコンポーネントが追加されています。

　XR Interaction Toolkitは、Meta Quest 2以外でも利用できる汎用的なツールキットです。
　そのため、コントローラの各ボタンは汎用的な名称で定義されています。
　Input Action Managerは、「実際の物理的なボタン」と「汎用的な名称」とのマッピングも担当します。

　ここまで登場した各コンポーネントの関連を、**図3-4**に示します。

　Input Action Managerはデフォルトで、うまく動くように構成されているため、本書では操作の対象として説明しません。
　しかし、Input Action Managerが存在することを知っておくのは大事です。

　たとえば、ボタンのマッピングを変更したいときなどには、Input Action

Managerに結び付けられているスクリプトのプロパティから変更します。

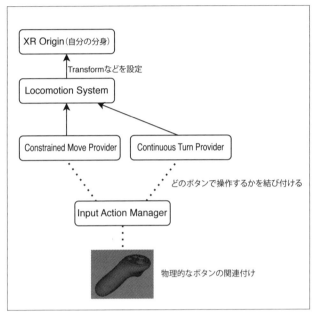

図3-4　Locomotion SystemとLocomotion Providerの動き

3-3　コントローラで動けるようにする

　理論が分かったところで、Unity上で設定して、コントローラで動けるように
していきましょう。

■前後移動の実装

　まずは前後に移動できるようにします。

　手　順　コントローラで前後に動けるようにする

[1] XR Origin に Locomotion System を追加する

　[Hierarchy] ウィンドウで [XR Origin] をクリックして選択状態にします。

　[Inspector] で [Add Component] をクリックし、[Locomotion System]
を追加します(**図3-5**)。

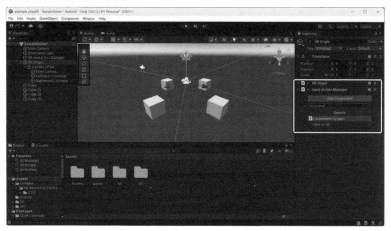

図3-5　Locomotion System を追加する

　追加したあとの画面を、**図3-6**に示します。

　[XR Origin] には、制御対象のXR Originを指定する必要がありますが、
デフォルトでは、「このコンポーネント自身を取り付けたXR Origin」を示
す「None」になっているため、とくに変更する必要はありません。

図3-6　Locomotion Systemを追加したところ

[2] Continuous Move Providerを追加する

同様にして、[Add Component]ボタンをクリックし、さらに[Continuous Move Provider(Action-based)]を追加します（**図3-7**）。

図3-7　[Continuous Move Provider(Action-based)]を追加する

[3] コントローラを設定する

追加した「Continuous Move Provider」(Action-based) を設定します。

設定の意味は、**表3-1**の通りです。

これらのうち、次の2つを変更します(**図3-8**)。

・**Enable Strafe**

左右方向の移動(カニ歩き)を許すかどうか。

ここでは許さないことにするので、チェックを外す。

・**Right Hand Move Action**

今回は、右コントローラのサムスティックで移動できるようにするため、[Right Hand Move Action] で [Use Reference] にチェックを付け、[Reference] で [XRI RightHand Locomotion/Move] を選択。

この設定により、右コントローラのサムスティックの動きが移動量として採用されるようになります。

[メモ]

XRI RightHand Locomotion/Move は、Input Action Manager で定義されている、ボタンの汎用名のうちの1つで、Meta Quest 2の右手コントローラのサムスティックに割り当てられています。

表3-1　Continuous Move Provider(Action-based) の設定項目

項　目	意　味
System	制御するLocomotion System。デフォルトはNoneで、このコンポーネントに結び付けられているLocomotion Systemが使われる
Move Speed	移動速度
Enable Strafe	左右方向の移動——いわゆるカニ歩き——を許すかどうか
Enable Fly	空を飛ぶことを許すかどうか
Use Gravity	重力(Gravity)に従うかどうか
Gravity Application Mode	重力を適用するモード。デフォルトは [Attempting Move]。動こうとしているときに適用される
Forward Source	命令の送信先。デフォルトはNoneで、Transform (位置情報を示すオブジェクト)に送信される
Left Hand Move Action	左手の移動アクションを定義する
Right Hand Move Action	右手の移動アクションを定義する

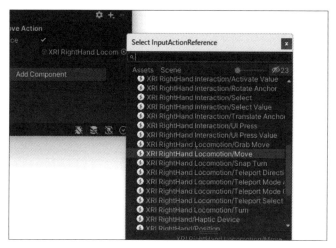

図3-8　Continuous Move Provider(Action-based)の設定

[4]動作を確認する

　ここまでの設定でビルドを実行して（[Ctrl] + [B] キー）、Meta Quest 2
で動作確認します。

　右手のサムスティックを上下に移動すると、自分が奥・手前に移動する
ことを確認してください。

■左右に向けるようにする

　同様に、サムスティックを左右に傾けると、そちらの方向を向けるようにし
ます。

　手　順　左右に向けるようにする

[1] Continuous Turn Provider を追加する

　これまで操作してきた [XR Origin] にさらに、コンポーネントを追加し
ます。

　[Hierarchy] ウィンドウで [XR Origin] をクリックして選択状態にしてお
き、[Inspector] で [Add Component] をクリック。[Continuous Turn

Provider(Action-based)] を追加します（図3-9）。

図3-9　[Continuous Turn Provider(Action-based)]を追加する

[2] コントローラを設定する

追加した「Continuous Turn Provider(Action-based)」を設定します。設定の意味は、表3-2の通りです。

先ほどのMove Providerと同様に、右手のサムスティックで動かせるよう、[Right Hand Move Action]の[Use Reference]にチェックを付け、[XRI RightHand Locomotion/Move]を選択します（図3-10）。

表3-2　Continuous Turn Provider(Action-based)の設定項目

項　目	意　味
System	制御するLocomotion System。デフォルトはNoneで、このコンポーネントに結び付けられているLocomotion Systemが使われる
Left Hand Move Action	左手の移動アクションを定義する
Right Hand Move Action	右手の移動アクションを定義する

図3-10 Continuous Turn Provider(Action-based)の設定

[3]動作を確認する

　ここまでの設定でビルドを実行して（[Ctrl] + [B]キー）、Meta Quest 2
で動作確認します。

　右手のサムスティックを左右に移動すると、その向きに向くことを確認
してください。

3-4　障害物を通り抜けられないようする

　ここまでの設定によって、右手のサムスティックを使って、シーンを自在に歩き回れるようになりました。

　実際、歩いてみると分かりますが、この段階では、衝突の判定がないため、シーンに置いたキューブを通り抜けてしまいます。

　通り抜けられないようにするには、「リジッドボディ」(Rigidbody)と「コライダー」(Collider)を設定します。

■リジッドボディとは

　リジッドボディは、物理特性によってオブジェクトを動かせるようにするコンポーネントです。

　オブジェクトに対して、このコンポーネントを適用すると、物理演算が適用され、重力の影響を受けたり、ぶつかったときに撥ねたり、物体にめり込まないように制御できます。

　リジッドボディには、一般に、重力を適用するように構成します。
　重力を適用する場合、床がないと、どんどん下に落ちて行ってしまうので、注意してください。

[メモ]

> 　リジッドボディは設定によって、重力を無効にする(後述の[Use Gravity]にチェックを付けない)こともできます。
> 　宙を浮いたまま動くようなアプリであれば、そうした設定でもいいですが、重力を有効にしておくと、坂などを歩くときにもうまく適用されるので、一般的なVR用途の場合は、重力を有効にしたほうがいいでしょう。

■コライダーとは

衝突判定の「枠」に相当するのが、**コライダー**です。

コライダーは、オブジェクトに対して、コンポーネントとして適用します。基本的なコライダーとして、次の3種があります。

・Box Collider	四角形のコライダー
・Sphere Collider	球形のコライダー
・Capsule Collider	カプセル形状のコライダー

ほかには、これらを組み合わせて「複合コライダー」を作れるほか、オブジェクトのメッシュに正確に合わせる「メッシュコライダー」を構成することもできます。

第2章では、シーン上に4つのキューブを配置しました。

このキューブには、デフォルトでBox Colliderが設定されており、Inspectorで確認できます（**図3-11**）。

図3-11　キューブに設定されているBox Collider

■障害物を通り抜けられないようにするには

キューブには Box Collider が適用されているので、追加で何か設定しなくても、これらのキューブとの衝突判定が可能です。

障害物を抜けられないようにするには、VR 空間において我々の分身を示す「XR Origin」に対して、次の2つのコンポーネントを設定します。

①リジッドボディの追加

リジッドボディを追加して、物理的な特性で動くようにする。

②コライダーの追加

衝突判定するために、人間の形状に近いコライダーを設定する。

そして、①を追加すると重力が適用され、床がないと沈んでいってしまうので、床となるオブジェクトも追加します。

■リジッドボディを設定する

まずは、XR Origin にリジッドボディを追加します。

手　順	XR Origin にリジッドボディを追加する

[1]リジッドボディを追加する

　[Hierarchy] ウィンドウで、[XR Origin] をクリックして選択状態にします。
　[Inspector] ウィンドウで、[Add Component] をクリックして、[Rigidbody] を選択します（**図3-12**）。

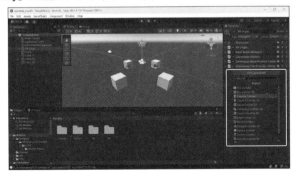

図3-12　リジッドボディを追加する

[2] リジッドボディを設定する

リジッドボディの設定値を、**表**3-3に示します。

物理演算をするのであれば、これらの値を正しく設定すべきですが、ここでは、「ぶつかったときに、それ以上、進めないようにする」という目的で使うだけなので、この動作に関連する次の2つの値のみを設定します (**図** 3-13)。

・**Use Gravity** を有効にする

重力が有効になります。

下に床があれば、その床に接地して動きます。

・**Constraints**

ぶつかったときの向きを制限する値で、今回は [X] [Y] [Z] のすべてで有効にしておきます。

この設定がないと、ぶつかったときに転んでしまいます。

表3-3 リジッドボディの設定値

項　目	意　味
Mass	質量(キログラム)
Drag	力が加えられた場合の、空気抵抗の大きさ
Angular Drag	トルクによって回転する際の、空気抵抗の大きさ
Use Gravity	重力の影響を受けるかどうか
Is Kinematic	物理エンジンによる駆動でなくTransformによって動かす
Interpolate	動きをどのように補完するか
Collision Detection	衝突検知の方法。高速で動くオブジェクトが、すり抜けてしまうときに調整する
Constraints	リジッドボディの動きに制限を付ける。[Freeze Position]で軸に対する停止、[Freeze Rotation]で軸に対する回転を、それぞれ設定する

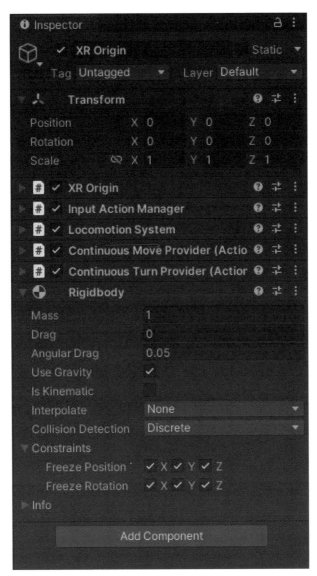

図3-13　リジッドボディの設定

■XR Originにコライダーを設定する

続いて、コライダーを設定します。

コライダーの種類は、どのようなものでもいいですが、人間の形状に近いものがいいでしょう。

ここでは、カプセル形状のコライダーである「**Capsule Collider**」を設定します。

手 順	XR OriginにCapsule Colliderを付ける

[1] Capsule Colliderを追加する

[Hierarchy]ウィンドウで、[XR Origin]をクリックして選択状態にします。

[Inspector]ウィンドウで、[Add Component]をクリックして、[Capsule Collider]を選択します(図3-14)。

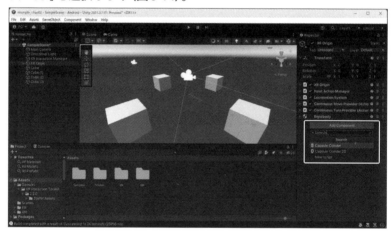

図3-14 [Capsule Collider]を追加する

[2]コライダーの大きさを調整する

画面上にコライダーを示すワイヤーフレームが表示されます。

これが衝突検知の範囲です(図3-15)。

この大きさを調整します。

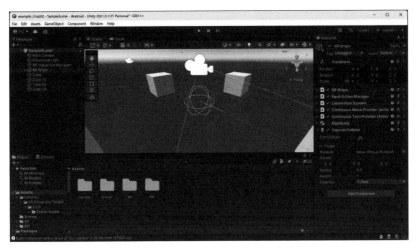

図3-15　設置された[Capsule Collider]

どのような大きさでもいいのですが、VRということを考えると、概ね人間の体に合わせるのがいいでしょう。

マウスで操作すると大きさが分かりにくいので、[Inspector]のほうで調整します。

Capsule Collider は、球体を半分に割ったものと直方体の組み合わせであり、次のパラメータで設定します（図3-16）。

・X、Y、Z	中心の座標
・Radius	上下の球体の半径
・Height	全体の高さ
・Direction	方向

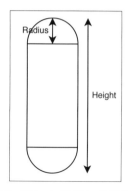

図3-16 Capsule Collider のパラメータ

　ここでは腹囲76cm、身長170cmぐらいを想定して、次のように設定します(図3-17)。

・X、Y、Z
　底面が地面に付くようにするため、Y座標は1.7の半分の0.85と設定し、(0, 0.85, 0)とする。
・Radius
　腹囲の半分である0.38とする。
・Height
　身長の1.7とする。

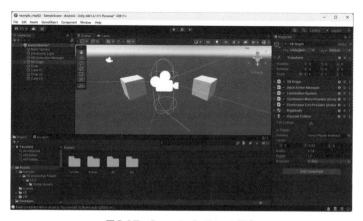

図3-17 Capsule Collider の設定

■床を作る

最後に床を作ります。床は**Plane**オブジェクトとして作ります。

[メモ]

> Planeオブジェクトは、平面を示すオブジェクトです。
> 壁や床などを作るときに使います。

手　順　　床を作る

[1] Plane オブジェクトを新規作成する

　[Hierarchy]ウィンドウで[＋]ボタンをクリックし[3D Object]―[Plane]
を選択して、Planeオブジェクトを作ります（図3-18）。

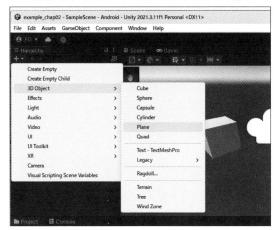

図3-18　Planeオブジェクトを作る

[2] Plane オブジェクトの位置を調整する

　Planeオブジェクトは10メートル四方の大きさです。

　作成直後は、図3-19のように全体が被さるので、位置やサイズを調整
します。

　位置やサイズは、Transformコンポーネントで設定します。

　Positionを(0, 0, 0)の原点に変更すると、図3-19のように、10m四方
のPlaneが原点に設定されるはずです。

図3-18　作成直後のPlaneオブジェクト

図3-19　原点に移動した

[3] キューブの位置を調整する

　図3-19を見ると分かるように、**第2章**でキューブを配置したとき、その
Y座標を0にしたため、半分が下に沈んでいます。

　キューブの1辺の長さは1メートルで設定しているので、Y座標に「0.5」
を設定することで、その分だけ上げます。

　[Hierarchy]ウィンドウで[Shift]キーを押しながら4つのキューブ(Cube)
を選択します(図3-20)。
　そして、[Inspector]ウィンドウで[Transform]の「Y」の値を「0.5」に変更
します(図3-21)。

図3-20　4つのキューブを選択する

図3-21　Yの値を変更する

[3]動作を確認する

　ここまでの設定でビルドを実行して([Ctrl]＋[B]キー)、Meta Quest 2
で動作確認します。

　右手のサムスティックで動き回ったとき、キューブにぶつかると、それ
以上、進めなくなることを確認してください。

第**4**章

手に持ったコントローラで操作する

この章では、手に持ったコントローラをVR空間に表示します。

そして、コントローラから出ている光線で指し示した場所にテレポーテーションしたり、光線で示したモノを引き寄せたりする方法を説明します。

4-1　この章で作るもの

この章では、VR空間におけるコントローラを扱います。

■①手を画面に表示する

まずは、Meta Quest 2を操作するために左右に握っているコントローラを、VR空間上にも表示します。

現実世界でコントローラを握った手を動かせば、それに追従して、VR空間上の「手」も動くようにします。

■②テレポートする

VR空間上の「手」からは、「レイキャスト」と呼ばれる赤い光線が出ていて、モノを指し示すことができます。

指し示して何か操作する1つの例として、テレポーテーションを扱います。
あらかじめマーカーとなる平面を用意しておき、そこを光線で指してグリップボタン(中指で操作するボタン)を押すと、そのマーカー部分にテレポートするようにします。

■③モノを引き寄せられるようにする

2つめの例として、モノを引き寄せる処理を扱います。

光線でVR空間上のモノを指してグリップボタンを押すと、そのモノを自分の手元に引き寄せられるようにします。

4-2　　　　「手」を画面に表示する

まずは、「手」を画面に表示するところから考えていきます。

これまで作ってきたVR空間の床のところをよく見ると、「赤い光線」が表示されています。

これが、VR空間でモノを指し示すときに使う、レイキャストです。

床のへんなところからレイキャストが出ているのは、実は、(見えないですが、)この部分にコントローラがあるからです。

そのコントローラから、レイキャストが出ています。

この段階では、「現実世界のコントローラ」と「VR空間上のコントローラ」が結び付けられていないので、いわば、「コントローラが床に置きっぱなし」という状態になっています(図4-1)。

そこで「現実世界のコントローラの動きに合わせて、VR空間上のコントローラも追従させる」というのが、第一のミッションです。

図4-1　床下から赤い線が出ている

■動きに合わせてコントローラをVR空間で動かす

VR空間上のコントローラは、「XR Origin」の配下の「LeftHand Controller」(左手)と「RightHand Controller」(右手)です。

これらのVR空間上のコントローラには「XR Controller」というコンポーネントが結び付けられています。

結び付けられたXR Controllerの[Position Action]と[Rotation Action]を、コントローラの動きと連動するように構成すると、現実世界のコントローラを動かしたとき、VR空間にも反映されるようになります。

手　順	現実世界の手の動きに合わせてコントローラをVR空間で動かす

[1] [LeftHand Controller]の[XR Controller]を変更する
まずは、左コントローラから設定します。

[Hierarchy] ウィンドウで [LeftHand Controller] をクリックして選択します (図4-2)。

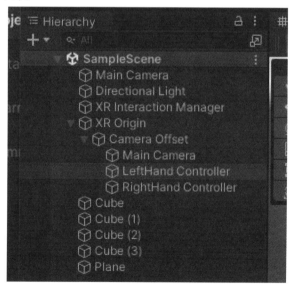

図4-2 [LeftHand Controller]を選択する

[2] XR Controller を調整する

[Inspector] で [XR Controller(Action-based)] を展開し、次の2つを構成します(図4-3)。

・Position Action
[Use Reference]にチェックを付け、[XRI LeftHand/Position]を選択。

・Rotation Action
[Use Reference]にチェックを付け、[XRI LeftHand/Rotation]を選択。

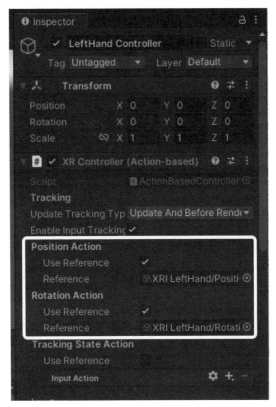

図4-3　LeftHand Controllerに対するXR Controllerの設定

[3]右手のRightHand Controllerに対して同様に設定する

　右コントローラに相当する[RightHand Controller]に対して、[1][2]を同様に設定します。

　ただし右手コントローラの場合、Position ActionとRotation Actionには、[XRI RightHand/Position]および[XRI RightHand/Rotation]を、それぞれ選択してください（図4-4）。

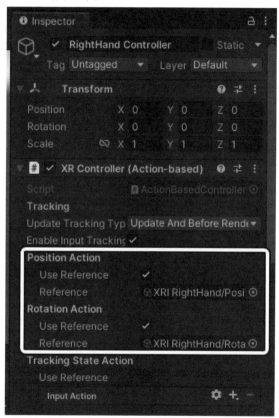

図4-4　RightHand Controllerに対するXR Controllerの設定

[4] 動作を確認する

　ここまでの設定でビルドを実行して（[Ctrl] ＋ [B] キー）、Meta Quest 2
で動作確認します。

　左右のコントローラを動かすと、それに伴い、レイキャストが動くこと
を確認してください（**図4-5**）。

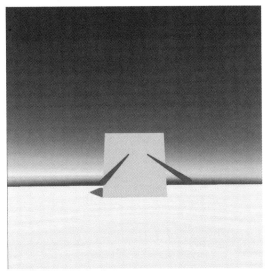

図4-5　現実世界でコントローラを動かすとVR空間でのレイキャストも動く

■「手」の絵を表示する

　図4-5を見ると分かりますが、レイキャストが浮いてるだけで、コントロー
ラ自体は見えていません。

　よくあるVRのアプリだと、コントローラの位置を示すよう、「自分の手」や「コ
ントローラ」など、「コントローラの場所を示す絵」が、レイキャストの根元の
ところに表示されていることがほとんどです。
　ここでは、こうした「手の絵」を表示してみます。

［メモ］

> レイキャストは、XR Interactor Line Visual というコンポーネントが出力しています。
>
> レイキャストを止めたいときは、このコンポーネントを「無効化」または「削除」してください。

「手の絵」を表示する仕組みは、実は単純です。

Unity では [Hierarchy] ウィンドウで表示されている階層構造において、配下のオブジェクトは、上位のオブジェクトからの相対的な位置に表示されます。

図4-5で確認したように、コントローラを動かすとVR空間でレイキャストが動いていますが、これは、左手や右手を示す [LeftHand Controller] や [RightHand Controller] の位置 (Position) や向き (Rotation) が、コントローラの動きと連動して変化しているからです。

つまり、[LeftHand Controller] や [RightHand Controller] 自体の座標が動いています。

ですから、これらのオブジェクトの配下に、「手やコントローラの絵を示すモデル」を配置すれば、その位置に表示されるようになります。

手　順　「手の絵」を表示する

[1] 左手のモデルを追加する

CHAPTER2 では [Starter Assets] をインポートしましたが、この中に、「コントローラのモデル」が含まれているので、「手を示す絵」として、これを使います。

[Project] ウィンドウで、[Starter Assets]―[Models] を開いてください。

このなかに、「XRControllerLeft」(左手用)と「XRControllerRight」(右手用)のモデルがあります。

このうち、左手用の「XRControllerLeft」を [Hierarchy] ウィンドウの [LeftHand Controller] に乗せるようにドラッグ＆ドロップします(図4-6)。

[メモ]

[LeftHand Controller] に乗せるようにドラッグ＆ドロップすれば、その配下
に格納されます。

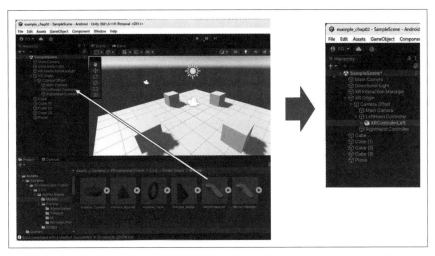

図4-6　左手のモデル(XRControllerLeft)を左手のコントローラ(LeftHand Controller)の配下に入れる

[2]動作を確認する

ここでいったんビルドを実行して（[Ctrl] ＋ [B] キー）、Meta Quest 2 で
動作確認します。

左手の例キャストの根元に、左手を示すコントローラが表示されるはず
ですが、180度回転してしまっています（**図4-7**）。

図4-7　表示されたが180度回転してしまっている

[3] 方向を直す

そこで、方向を直します。

[Hierarchy] ウィンドウで、配置した [XRControllerLeft] をクリックして選択し、[Inspector] の [Transform] で、[Rotation] の [Y] を「180」に設定して、180度回転します (図4-8)。

これでビルドして確認すれば、正しい向きになります (図4-9)。

図4-8　180度回転させる

図4-9　正しい向きに表示された

[メモ]

図4-9を見ると分かるように、レイキャストの出る位置がコントローラと被っているため、さらに微調整したくなるかも知れません。

しかし、それは[Position]の部分で微調整すればよく、本質ではないので、これ以上の調整は割愛します。

[4] 右手に対して同様に設定する

右手に対しても同様に設定します。すなわち、次のようにします（図4-10）。

① [Project] ウィンドウの [Starter Assets] ―[Models] の [XRController Right] を [RightHand Controller] に乗せるようにドラッグ＆ドロップして、その配下に入れる

②配置した [RightHand Controller] の [Transform] の [Rotation] の [Y] に「180」と入力して、180度回転する

② [Rotation] の [Y] を「180」に設定

① [XRControloerRight] を [RightHand Controller] に乗せるようにドラッグ＆ドロップ

図4-10　右手のモデル（XRControllerRight）を右手のコントローラ（RightHand Controller）の配下に入れる

[5] 動作を確認する

ここまでの設定でビルドを実行して（[Ctrl] ＋ [B] キー）、Meta Quest 2 で動作確認します。

左右のコントローラが画面に表示され、コントローラを持った自分の手の動きと連動することを確認してください（**図4-11**）。

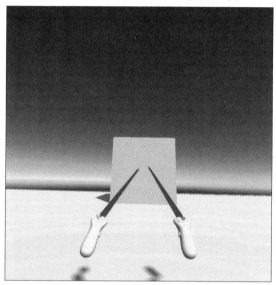

図4-11 コントローラが画面に表示されるようになった

＊

ここでは [Starter Assets] に付属のコントローラを表示しましたが、表示するモデルは、好きなものを選択できます。

たとえば、**第6章**で説明する「アセットストア」などから好きなものをダウンロードして、差し替えるといいでしょう。

[メモ]

本書では解説しませんが、「指が動くモデル」を使って、グリップボタンの押し込み量とアニメーションを連動するようにプログラミングすると、押し込み量に応じて「握る」ように見せることもできます。

4-3　　　　　指定場所にテレポートする

　手が動かせるようになったところで、この「手」を使って、VR空間上での操作ができるようにしていきましょう。

　まずは、「指定した場所へのテレポート」から考えます。

■レイヤーとレイヤーマスク

　XR Interaction Toolkitには、コントローラから出るレイキャストで指した場所にテレポートするほか、レイキャストで指したモノを引き寄せたり、コントローラで触れたものを持ったりする機能を備えています。

　これらの機能を併用することを考えた場合、「あるオブジェクトを指したときはテレポーテーション」「あるオブジェクトを指したときは引き寄せ」というように、オブジェクトごとに、振る舞いを変えたいはずです。

　そこでXR Interaction Toolkitには「**レイヤー**」という概念があり、対象をグループ化して扱えるようになっています。

　たとえば、

・「warp」というレイヤーを作って、そこにテレポート対象のオブジェクトを登録しておく
・「hand」というレイヤーを作って、そこに引き寄せる対象のオブジェクトを登録しておく

と、いうようにしておくと、操作する際、「warpのグループのオブジェクト」にはテレポートできるけれども、「handのグループのオブジェクト」にはテレポートできないというように制御できます。

　どのレイヤーに対して適用するのかの設定のことを「**レイヤーマスク**」と言います。

　こうしたグループ化の機能を使うことで、「手に持つはずのモノの場所にテレポートしてしまう」とか「テレポート先の床を手元に引き寄せてしまう」ということがないようにできます。

［メモ］

> レイヤーは、状況によって、持てるオブジェクトの種別を変えたいとき全般に使えます。
>
> たとえば、「レイヤーX」と「レイヤーY」を登録しておき、「レイヤーXに属するオブジェクトは右手で持てる」「レイヤーYに属するオブジェクトは左手で持てる」というようにすることもできます。
>
> また、ゲーム内で特定の条件を満たしたときだけ、「レイヤーYのオブジェクトが持てるようになる」というようなことも可能です。

■テレポート先をグループ化するレイヤーの登録

いま説明したように、テレポートできる仕組みを作るのにあたっては、まず、テレポート先のオブジェクトをグループ化するレイヤーを作っておきます。

ここでは、「warp」という名前のレイヤーを作ります。

手　順　レイヤーの登録

[1] レイヤー設定を開く

レイヤーの設定は、[Project] ウィンドウの [Assets]―[XRI]―[Settings]―[Resources]―[InteractionLayerSetting] にあります。

このアイコンをクリックします。

[2] レイヤーを登録する

[InteractionLayerSetting] をクリックして選択すると、[Inspector] ウィンドウから、設定変更できます。

「User Layer1」「User Layer2」…のようにレイヤーを登録する項目があるので、「User Layer1」の部分に「warp」と入力して、warp という名前のレイヤーを登録します（図4-12）。

① [InteractionLayerSetting]
を選択

② [User Layer1] に
「warp」と入力

図4-12　レイヤーを登録する

■テレポーテーションの仕組み

テレポーテーションは、次のように構成します。

●テレポート先

テレポート先は、「Teleportation Area」か「Teleportation Anchor」のいずれ
かで構成します。

・Teleportation Area	テレポーテーションできる「領域」(範囲)を定義。
・Transportation Anchor	テレポーテーションできる「場所」を定義。

どちらのオブジェクトにも、レイキャストが当てられて、どのような操作を
したときにテレポートするかを設定する[Teleport Trigger]という設定項目が
あります。

表4-1のいずれかを選択でき、デフォルトは、［On Select Exited］です。あとで説明しますが、このデフォルト設定の場合、コントローラから「Select」というアクションを実行することで、テレポートが始まります。

表4-1　Teleport Trigger の設定値

設定値	意　味
On Select Exited	選択し終えたとき
On Select Entered	選択しはじめたとき
On Activated	アクティブになったとき
On Deactivated	アクティブではなくなったとき

●テレポートするためのコンポーネント

テレポートするには、自身の分身である［XR Origin］に対して、「Teleportation Provider」を追加します。

「Teleportation Provider」は、**第3章**で説明した「Continuous Move Provider」（コントローラと連動して動かすプロバイダ）や「Continuous Turn Provider」（コントローラと連動して回転するプロバイダ）と同様に、Locomotion System に命令を出して、自分の位置を変えることでテレポートするコンポートです。

■テレポート先の場所を作る

では、テレポートできる仕組みを作っていきます。
まずは、テレポート先となる場所を作ります。
ここでは「Teleportation Area」を作ります。

［メモ］

> 　以下の手順では、Teleportation Area を直接作りますが、Plane（平面）などのオブジェクトを置き、その Plane オブジェクトに対して、［Add Component］ボタンをクリックして、Teleportation Area を追加するというやり方もあります。
> 　平面以外の場所をテレポート先としたい場合は、こうした方法をとるといいでしょう。

手　順　Teleportation Area を定義する

[1] Teleportation Area を追加する

　[Hierarchy] ウィンドウで [＋] をクリック、[XR] ―[Teleportation Area] を選択します (図4-13)。

図4-13　Teleportation Areaを追加する

[2] 位置と大きさを調整する

　10m四方のTeleportation Areaとして追加されるので、位置や大きさを調整します。

　マウスで適当な場所に移動してもいいのですが、場所がまちまちだと説明がしにくいので、ここでは [Transform] で、次のように設定します (図4-14)。

・Position	(4, 0.01, -4)
・Rotation	(0, 0, 0)
・Scale	(0.1, 1, 0.1)

図4-14 Teleportation Areaの位置と大きさを調整する

[3] 色を変える

床が白で、配置したTeleportation Areaも白だと見づらいので、Teleportation Areaの色を変えます。

色を変えるには、「Material」というオブジェクトを使います。

[Project]ウィンドウで[Assets]を選択した状態で、[Assets]メニューから[Create]—[Material]を選択します(**図4-15**)。

[メモ]

> Materialの操作は、VRとは関係ない、Unityの汎用的な操作です。
> より詳しくは、Unityの参考書を参照してください。

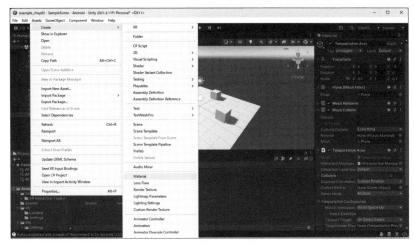

図4-15　Materialを作る

Materialができたら、[Albedo]の部分で、色を設定します。
たとえば、緑にします（図4-16）。

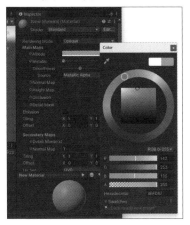

図4-16　色を設定する

最後に、このMaterialを[Teleportation Area]に適用します。
適用するには、ドラッグ＆ドロップします。すると、色が変わります（図4-17）。

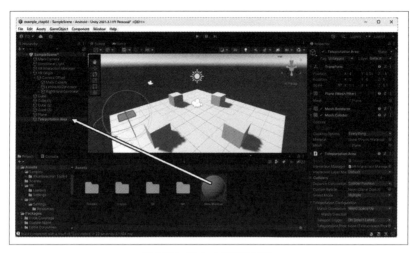

図4-17 Materialを適用する

[4] レイヤーマスクを設定する

レイヤーマスクを設定します。

　[Hierarchy] ウィンドウで [Teleportation Area] をクリックして選択し、[Inspector] で [Teleportation Area] の [Interaction Layer Mask] で、先ほど作っておいたレイヤーの「warp」を選択します（**図4-18**）。

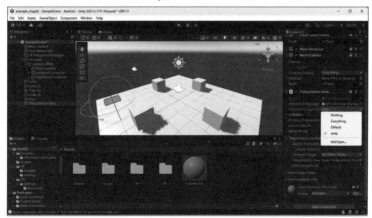

図4-18 レイヤーマスクを設定する

[5] Teleport Triggerの設定値を確認しておく

すでに説明したように、Teleportation Areaには、「どのようになったらテレポートするか」を設定する、Teleport Triggerの設定値があります。

デフォルトは、[On Select Exited]なので、選択し終えたとき（＝選択のボタン操作をして、そのボタンを離したとき）に、テレポートします（図4-19）。

図4-19　Teleport Triggerを確認しておく

■レイキャストで選択してテレポーテーションできるようにする

これで、移動先の場所を定義できました。

次に、左コントローラから出るレイキャストで、このTeleportation Areaを指し、グリッドボタン（中指のところにあるボタン）をクリックしたときに、その場所にテレポーテーションできるようにしてみます。

> 手　順　テレポーテーションできるようにする

[1] Teleportation Providerを追加する

自分自身の分身である[XR Origin]に対して、Teleportation Providerを追加します。

[Hierarchy]ウィンドウで[XR Origin]を選択し、[Inspector]から[Add Component]をクリックして、[Teleportation Provider]を選択します（図4-20）。

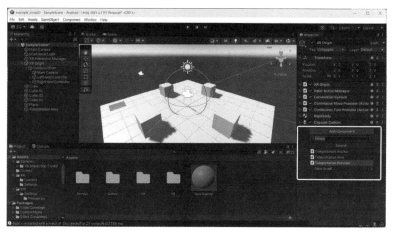

図4-20 [Teleportation Provider]を追加する

[2] レイヤーマスクで対象を選択する

　左コントローラに相当する[LeftHand Controller]において、レイキャストを出している[XR Ray Interactor]の[Interaction Layer Mask]を[warp]に変更します(**図4-21**)。

　これでレイキャストの対象が、warpレイヤーに設定されているオブジェクトだけになります(先ほど、ワープ先のTeleportation Areaの[Interaction Layer Mask]を[warp]に設定しているので、これが対象になるというわけです)。

図4-21 レイヤーマスクを設定する

[3] グリップボタンが押されたときにSelectアクションが発動するようにする

　設置した Teleportation Area の Teleport Trigger の設定値は、[On Select Exited] ですから、このコントローラで「Select」の操作をして、その操作が終われば、テレポーテーションするようになります。

　そこで、このコントローラ（左コントローラ）の操作で、Selectのアクションが発生するように構成します。

　たとえばグリップボタン（中指で押すボタン）を押したときに、Selectアクションが発生する——テレポーテーションする——という動作にしたい場合は、[LeftHand Controller] に結びついている [XR Controller(Action-based)] の [Input] にある [Select Action] の [Use Reference] にチェックを付けて、[XRI LeftHand Locomotion/Select] を選択します（図4-22）。

　これでコントローラのグリップボタンを引いたときに、[Select] アクションが発生するようになります。グリップボタンを離すと、[On Select Exited] の条件を満たしますから、このとき、テレポーテーションが実行されます。

[メモ]

> [XRI LeftHand Locomotion/Select] の代わりに [XRI LeftHand Locomotion/Activate] を指定すると、中指のボタンではなく、人差し指のボタンでテレポーテーションするようになります

図4-22　[Select Action]で[XRI LeftHand Locomotion/Select]を選択する

[5] 動作を確認する

ここまでの設定でビルドを実行して（[Ctrl] + [B] キー）、Meta Quest 2
で動作確認します。

左のコントローラで緑色の床（配置した Teleportation Area）をレーザー
光線で指し、引き金を引くと、その位置に移動します。

Column　レイキャストを地面に向ける

テレポーテーションするときは、表示されているレイキャストを、まっすぐ
向けるのではなく、放物線を描くように地面を向かせるのが適切です。

そうしたい場合は、[XR Ray Interactor] の [Line Type] を [Projectile Curve]
を選択します（図4-23、図4-24）。

図4-23　[Line Type]を変更する

図4-24　左コントローラのレイキャストが下向きになった

4-4　　　　　モノを掴めるようにする

次に、コントローラを使って、モノを掴めるようにします。

■モノを掴む方法

モノを掴む方法は、2つあります。

1つは、**XR Ray Interactor**を使う方法、もう1つは、**XR Direct Interactor**を使う方法です。

・XR Ray Interactor
　光線を出して、その光線上のオブジェクトを引っ張ってこれる

・XR Direct Interactor
　コントローラに触れたものを持てる

ここではXR Ray Interactorを使って、遠くのものを引っ張ってこれる仕組みを作ります。

> [メモ]
>
> 　同じコントローラに対して、XR Ray InteractorとXR Direct Interactorを併用できません。
> 　これまでやってきたように、すでにコントローラにXR Ray Interactorが付いている場合、さらにXR Direct Interactorを加えることはできないので、その場合は、XR Ray Interactorを削除してください。

■モノを掴む仕組み

XR Interaction Toolkitにおいて、モノを掴むには、次のようにします。

●掴めるモノの設定

掴めるモノに対しては、XR Grab Interactableコンポーネントを設定します。

このコンポーネントのプロパティでは、どのレイヤーに属するかを決めるため、レイヤーグループを設定します。

●掴む側（コントローラ）の設定

　左コントローラに相当する「LeftHand Controller」や右コントローラに相当する「RightHand Controller」において、XR Controllerの[Input]にある[Select Action]で[Grab Move]を設定します。

　すると、グリッドボタン（中指のボタン）を押したとき、モノが引き寄せられるように動きます。

　グリッドボタンを離せば、モノは、その場所に落ちます。

　落とすときに、コントローラを動かしながら落とすと、物理法則に従い、放り投げたような動きになります。

●掴めるモノをグループ化するレイヤーの登録

　モノを掴む場合も、テレポーテーションするときと同様に、レイヤーグループで区分けします。そこで以降の作業に先立ち、「掴めるモノ」を登録するレイヤーグループを設定しておきましょう。

　先ほど「テレポート先をグループ化するレイヤーの登録」（p.80）で説明したのと同じ方法で、[Project]ウィンドウから[Assets]—[XRI]—[Settings]—[Resources]—[InteractionLayerSetting]を選択し、[Inspector]ウィンドウで、レイヤーを追加します。

　どのようなレイヤー名でもいいですが、ここでは、「hand」としておきます（**図4-25**）。

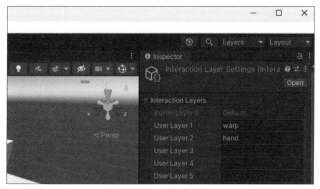

図4-25　レイヤーを登録する

■掴むモノを配置する

準備が整ったら、始めていきましょう。まずは、持つモノを配置します。

ここではすでに配置してある立方体の上に、「球」(Sphere) として配置します。

| 手　順 | 掴める「球」を配置する |

[1] 球を作る

　[Hierarchy] ウィンドウで [+] をクリック。[3D Object] — [Sphere] を選択して、「球」を追加します (図4-26)。

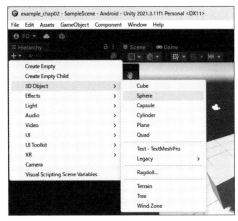

図4-26　球を追加する

[2] 球の位置と大きさを調整する

　直径1メートルの球ができるので、適当な大きさに変更して配置します。

　ここでは、球の直径を10cm (0.1メートル) とします。
　次のように設定し、立方体の上に置きます (図4-27)。

・Position	(-3, 1.05, 0)
・Rotation	(0, 0, 0)
・Scale	(0.1, 0.1, 0.1)

［メモ］

> 白い立方体の上に、白い球が置かれるので見づらいです。
> テレポートするときの床のようにMaterialを設定して色づけすると見やすくなりますが、動作の本質ではないので、ここでは、その設定を割愛します。

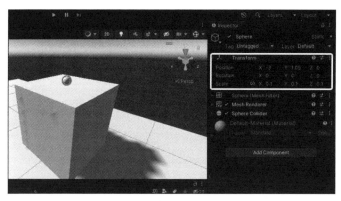

図4-27 立方体の上に置く

[3] 掴めるようにする

掴めるようにするため、［Add Component］ボタンをクリックして、［XR Grab Interactable］を追加します（**図4-28**）。

図4-28 XR Grab Interactableを追加する

[4] レイヤーマスクを設定する

配置したXR Grab Interactableの [Interaction Layer Mask] を [hand] に設定します(図4-29)。

図4-29　Interaction Layer Maskを設定する

■掴めるようにする

次に、コントローラ側の設定をして、掴めるようにします。

ここでは、いま配置した球体に対して右コントローラでレイキャストを当て、グリッドボタン(中指のボタン)を押すと、自分の手元に引き寄せられるようにしてみます。

手　順　掴めるようにする

[1] コントローラの Select Action を設定する

[Hierarchy] ウィンドウで、右コントローラに相当する [RightHand Controller] をクリックして選択します。

[Inspector] ウィンドウで、[XR Controller(Action-based)] の [Input] の [Select Action] の部分で [Use Reference] にチェックを付け、[XRI RightHand Locomotion/Grab Move] を選択します(図4-30)。

図4-30 [XRI RightHand Locomotion/Grab Move]を選択する

[2] 動作を確認する

ここまでの設定でビルドを実行して（[Ctrl] + [B] キー）、Meta Quest 2
で動作確認します。

右のコントローラで、置いた「球」にレイキャストを当て、グリッドボタ
ン（中指のボタン）を押すと、手元に来ます（**図4-31**）。

グリッドボタンを離せば、その場所に落ちます。

 ➡

図4-31 グリッドボタンでモノを引き寄せる
レイキャストを当てたところ（左）と、グリッドボタンを押して、手元にオブジェクトを引き寄せたところ（右）

第5章

弾を撃つ

この章では、手に持ったコントローラで引き
金（トリガー）を引くと、弾が発射され、的に当
たると倒れる仕組みを作ります。

5-1　この章で作るもの

　この章では、Meta Quest 2のコントローラの「ボタン」の押下を判定し、ト
リガーボタン（人差し指で押すボタン）を押すたびに、弾を発射する仕組みを作
ります。

　弾が「的」（まと）に当たったら、その的が倒れるようにします。

　的と弾との衝突判定は、物理演算で行なうものとします。

■①的を置く

　これまで作ってきた立方体の上に、「的」を置きます。的は、**図5-1**のように
3つ並べます。物理演算を適用するため、これらの的には、リジッドボディを
付けます。

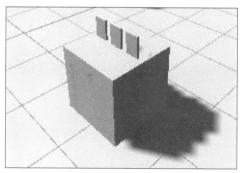

図5-1　3つの的を作る

■②弾を作る

　打つ弾のモデル（形状）を作ります。こちらも同様にしてリジッドボディを付けます。

　弾は1つではなく、トリガーボタンを押すたびに増やします。
　つまり、「その都度、必要に応じて作る」というやり方をします。

　こういった方法を取る場合、一度、作ったモデルを、プロジェクトの「Assets」などに保存しておき、スクリプトから、そのオブジェクトを都度、作成するようなやり方をします。プロジェクトに登録することを「プレハブ化する」と表現します（**図5-2**）。

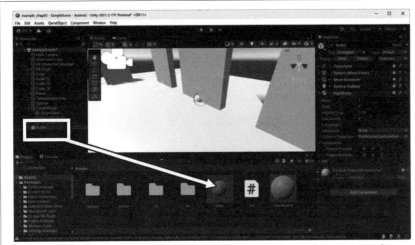

　[Hierarchy]で作ったものを[Project]に登録すると、スクリプトから使えるようになる。

図5-2　弾を作ったらプロジェクトに登録しておく（プレハブ化）

■③弾を撃つ

　右コントローラのトリガーボタンが押されたことを判定し、弾を発射する仕組みを作ります。

　弾の発射は、②で用意しておいたプレハブ化した弾を、現在の右コントローラの位置と同じところに作ります。

　それから、Z軸方向に「力を加える」という操作をします。そうすると、弾は、その方向に飛び出します。

　弾と的にリジッドボディを設定しておけば、衝突したら、勝手に的が倒れます。衝突に関して、私たちが何かしなければならないことはありません。

　ただし、弾が小さく高速なため、「衝突の判定方法」のプロパティを適切に設定しないと、タイミングによって、弾が的をすり抜けてしまうので、その調整は必要です（図5-3）。

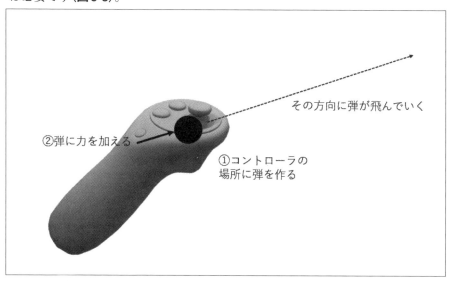

図5-3　弾を撃てるようにする

5-2 「的」を作る

それでははじめていきます。まずは、「的」から作ります。

■空のゲームオブジェクトでグループ化する

図5-1に示したように、今回は、的を3つ作ります。
的は、キューブ(Cube)を細長くして作ります。

このとき、3つをそれぞれ配置するのではなく、**グループ化**して、ひとまとめにしておいたほうが、操作しやすいです。
グループ化しておけば、まとめて、その配下のものを移動したり回転したりできるからです。

グループ化するには、空のゲームオブジェクト(GameObject)を作ります。

手　順	グループ化するためのゲームオブジェクトを作る

[1] ゲームオブジェクトを作る
　[Hierarchy] ウィンドウで [＋] ボタンをクリックし、[Create Empty] を選択します(図5-4)。

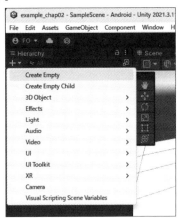

図5-4　ゲームオブジェクトを作る

[2]名前を変更する

「GameObject」という名前のオブジェクトが出来ます。

このままだと分かりにくいので、名前を付けておきます。

名前を変更するには、右クリックして、[Rename] を選択します。

ここでは「TargetGroup」という名前に変更します (図5-5)。

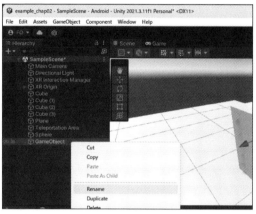

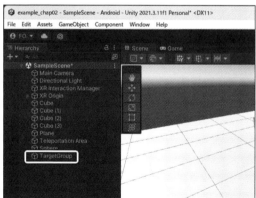

図5-5 名前を変更する

[3] 移動する

作ったゲームオブジェクトには、モデルがないので目視できませんが、ここで立方体の中心に、あらかじめ移動しておきます。

[Inspector] ウィンドウの [Transformation] で [Position] の値を「(0, 1.001, 3)」に変更します。

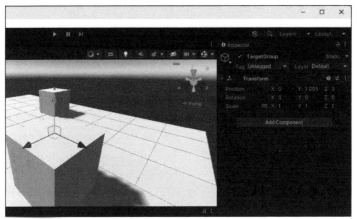

図5-6 位置を変更する

■的を作る

次に、いま作ったTargetGroupの配下に、的となるオブジェクトを配置します。

どのオブジェクトも構造は同じなので、1つ作ってから、それを複写します。

的の大きさや位置は、動作に影響を与えませんが、ここでは、仮に、幅20cm、高さ30cm、奥行き2cmのキューブとします。

手 順	3つの的を作る

[1]配下にキューブを作る

先に作成しておいた、TargetGroupと名付けた空のゲームオブジェクトの配下にキューブ（Cube）を作ります。

[TargetGroup]を右クリックし、[3D Object]—[Cube]を選択します（図5-7）。

図5-7　[TargetGroup]の配下に[Cube]を作る

[2]名前を変更する

「Cube」という名前でキューブができるので、右クリックして[Rename]を選択し、わかりやすい名前に変更します。

ここでは「TargetMato」としておきます（図5-8）。

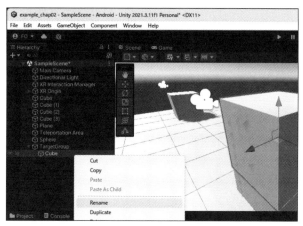

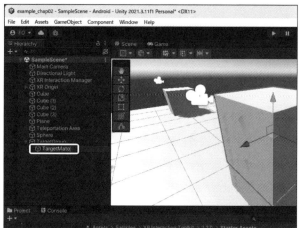

図5-8 名前を変更する

[3] サイズと位置を変更する

[Inspector] ウィンドウの [Transform] で、サイズと位置を調整します。

まずは、サイズである「Scale」を、幅20cm、高さ30cm、奥行き2cm に相当する「(0.03, 0.3, 0.2)」に変更します。

次に、位置を変更します。

「Position」を「(0, 0.15, 0)」とします。この Position は、親要素である TargetGroup からの相対位置です。

X軸とZ軸は、TagetGroupの中心と合致。Y軸は、このオブジェクトの高さ(ScaleのY座標に設定した0.3)の半分の0.15を設定することで、底面がちょうどTargerGroupに当たる位置に移動します(図5-9)。

図5-9　サイズと位置を変更する

[4] リジッドボディを付ける

物理演算を適用するため、[Inspector]ウィンドウで、[Add Compo nent]ボタンをクリックして、[Rigidbody]を追加します（図5-10）。

図5-10　Rigidbodyを追加する

[5] 物理特性を設定する

追加したリジッドボディに対して、物理特性を適用します。

設定値については、**第3章の表3-3（p.60）**を参照してください。

ここでは、「Collision Detection」を「Continuous Speculative」に変更しておきます。今回は弾が高速なため、デフォルトの「Discrete」では、すり抜けが発生します（**図5-11、表5-1**）。

図5-11　[Collision Detection]を「Continuous Dynamic」に変更する

表5-1　Collision Detectionの設定値

設定値	意　味
Discrete	デフォルトの挙動。高速な動作が可能だが、描画フレーム間の衝突は考慮されない。高速な動きをする物体は、すり抜ける可能性がある
Continuous	進行方向に存在するオブジェクトを取得して、そのオブジェクトと判定して、すり抜けを防ぐ。リジッドボディが設定されていない静的なオブジェクトに対してのみ有効
Continuous Dynamicモード	上記と同等の動作を、動くオブジェクト(リジッドボディが設定されているもの同士)に適用したもの。もっとも処理が重い
Continuous Speculative	上記について、回転も考慮したもの。上記より処理速度が速いが、「当たっていないのに、当たった」と判定される「ゴースト衝突」が発生する可能性がある

［メモ］

> 興味があれば、あとで「Mass」(重量)を調整して試してみるのも面白いでしょう。弾に当たったときの、倒れ方が変わります。

[6] 複製する

[Hierarchy]ウィンドウで、この「的」である[TargetMato]を右クリックし、[Duplicate]を選択して複製します(図5-12)。

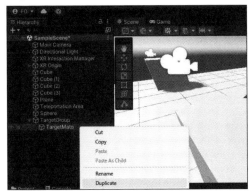

図5-12　「的」を複製する

[7] 位置を変更する

複製され、[TargetMato(1)]が出来ます。この位置を変更します。

[Inspector]ウィンドウの[Transform]で、[Position]を(0, 0.15, 0.3)に変更します(図5-13)。

図5-13 複製した「的」を移動する

[メモ]

これまでと同様に、分かりやすい名前を付けるため、さらに [Rename] したほうがよいのですが、ここでは、その操作は割愛します。

[8] もう1つ複製する

同様にして [TargetMato] を、もうひとつ複製します。

こんどは、[Position] を (0, 0.15, -0.3) にします。

これで、3つの的が出来ました (図5-14)。

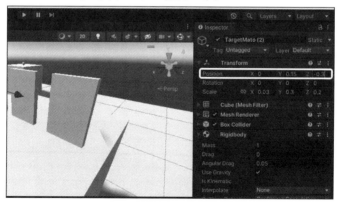

図5-14 3つの的ができた

5-3 弾丸を作る

では次に、弾丸を作りましょう。

話を簡単にするため、球体(Sphere)として作ります。
この球体には、リジッドボディを適用し、物理計算できるようにします。

作った弾丸は、[Project]ウィンドウに登録し、あとでスクリプトから利用で
きるようにします。

■弾丸を作る

まずは、[Hierarchy]ウィンドウ上で、弾丸のオブジェクトを作ります。

手 順	弾丸を作る

[1]球体を作る

[Hierarchy]ウィンドウで[+]ボタンをクリックし、[3D Object]—
[Sphere]を選択して、球体を作ります(図5-15)。

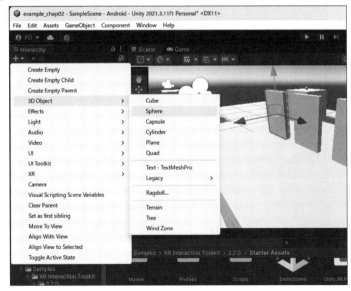

図5-15　球体を作る

[2] 名前を変更する

　名前を変更しておきます。

　これは、あとでProjectに登録するときの名前にもなるので、極力、分かりやすい名前を付けておきます。

　ここでは「Bullet」という名前にします。

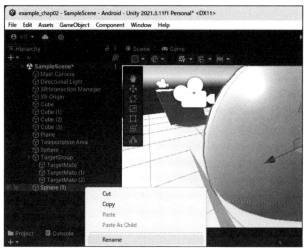

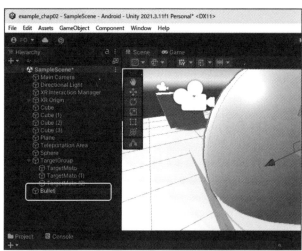

図5-16　名前を変更する

[3] 大きさを変更する

配置した球は、直径1mの大きなものなので、弾丸ぐらいの大きさに変更します。

ここでは直径5cmにします。[Inspector]ウィンドウで、[Scale]を(0.05, 0.05, 0.05)にします(図5-17)。

[メモ]

> 位置を示す「Position」は変更しなくていいです。
> この弾丸は、以降のスクリプトの実行によって、右手コントローラの位置に、トリガーボタンが押されるたびに作り出すため、初期の位置は関係ないためです。

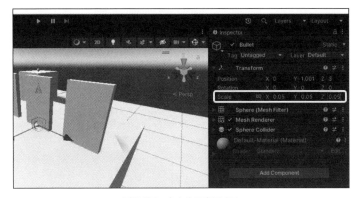

図5-17　大きさを変更する

[4] リジッドボディを付ける

　[Add Component] をクリックして、[Regidbody] を追加します（図5-18）。

図5-18　Regidbodyを追加する

[5] 物理特性を設定する

　先ほどの「的」と同様に、追加したリジッドボディに対して、物理特性を設定します。

　弾の重さ（Metaプロパティ）の1kgは、重い気もしますが、ひとまず、そのままにしておき、衝突方式の [Collision Detection] を「Continuous Dynamic」に変更するだけしておきます（図5-19）。

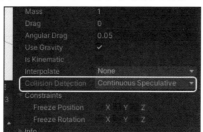

図5-19　[Collision Detection]を「Continuous Dynamic」に変更する

■プレハブ化する

次に、作ったオブジェクトを[Project]ウィンドウにドラッグ&ドロップして、スクリプトから利用できるようにします。この操作を「プレハブ化」と言います

| 手 順 | プレハブ化する |

[1] プレハブ化する

作ったBulletを、[Project]ウィンドウにドラッグ&ドロップして登録します。

どのフォルダでもいいですが、ここでは [Assets] というフォルダの直下にドラッグ&ドロップします（**図5-20**）。

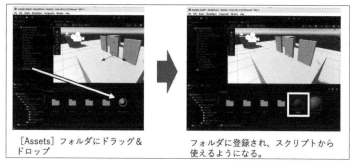

[Assets]フォルダにドラッグ&ドロップ

フォルダに登録され、スクリプトから使えるようになる。

図5-20　プレハブ化する

[2] [Hierarchy]から削除する

プレハブ化したら、[Hierarchy] 上のオブジェクトは必要ないので、右クリックして[Delete] を選択して削除します（**図5-21**）。

図5-21　Bulletを削除する

プレハブ化したオブジェクトの編集

プレハブ化したオブジェクトを、再編集したいこともあると思います。

そのようなときは、一度、[Hierarch] ウィンドウにドラッグ＆ドロップして戻して編集し、編集が終わったら、[Project] ウィンドウの、「該当のファイルの上」にドラッグ＆ドロップして戻します。

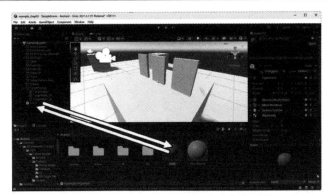

[Hierarchy] ウィンドウに戻して編集して、編集が終わったら、元のファイルアイコンの上に戻す。

図5-22　プレハブ化したオブジェクトの編集

5-4　　　　弾を撃つスクリプトを作る

これで、必要なオブジェクトの準備が整いました。

次に、弾を撃つスクリプトを作ります。

■Unityにおけるスクリプトの仕組み

Unityでは、プログラミング言語の「C#」を使って記述したスクリプト（プログラム）を、オブジェクトに対してコンポーネントとして追加して実行できます。

すぐあとに説明しますが、Projectウィンドウ上で、[C# Script]を作成すると、リスト5-1に示すプログラムが作られます。

これが、Unityのスクリプトのひな形です。

リスト5-1　Unityのスクリプトのひな型

```
using System.Collections;
using System.Collections.Generic;
using UnityEngine;

public class NewBehaviourScript : MonoBehaviour
{
    // Start is called before the first frame update
    void Start()
    {

    }

    // Update is called once per frame
    void Update()
    {

    }
}
```

スクリプトのポイントは、2つあります。

①MonoBehaviourから継承する

スクリプトは、C#のクラス（class）として実装し、MonoBehaviourから継承します（「:MonoBehaviour」と記述する）。

これ以外は、オブジェクトにコンポーネントとして追加できません。

MonoBehaviourのリファレンスは、下記のページに記されています。

「結び付けられているオブジェクトの位置などを知るtransformプロパティ」や「結び付けられている別のコンポーネントを取得するGetComponentメソッド」などがあります。

【MonoBehaviourのリファレンス】
https://docs.unity3d.com/ScriptReference/MonoBehaviour.html

②状態に応じて呼び出されるメソッド

　初期化や有効化、フレームの更新などのタイミングで、いくつかのメソッド（メッセージと呼ばれます）が呼び出されます。

　主要なものを**表5-2**に示します。**リスト5-1**には、初期化のときに実行される「Start」とフレーム更新のたびに実行される「Update」があります。

表5-2　MonoBehaviourのメッセージ（主要なもののみ抜粋）

メッセージ	解説
Awake	初期化されたときに呼び出される
Start	初期化後、1フレーム目で呼び出される
Update	フレームの描画ごとに呼び出される
OnEnable	有効化されたときに呼び出される
OnDisable	無効化されたときに呼び出される
OnDestroy	破棄されようにしたときに呼び出される

■コントローラのボタンが押されたときの処理

　今回は、Meta Quest 2の右コントローラのトリガーボタンが押されたときに、弾を打ちたいと思います。

＊

　いくつかのやり方がありますが、1フレームごとに呼び出されるUpdateメソッドの処理で、

①トリガーボタンが押されているか。
②押されているなら、コントローラと同じ位置に弾（Bullet）を作る。
③作った弾（Bullet）に力を加えて発射する。
と、いう処理をします。

```
// Update is called once per frame
void Update()
{
    if (トリガーボタンが押されている)
    {
        // コントローラと同じ位置にBulletを作る
        // 上記のBulletに力を加えて発射する
    }
}
```

●トリガーボタンの状態の取得

トリガーボタンは、「入力デバイス」から取得します。次のようにすると、右コントローラを示す入力デバイスを取得できます。

```
private UnityEngine.XR.InputDevice _device;
_device = InputDevices.GetDeviceAtXRNode(XRNode.RightHand);
```

そして次のようにすると、トリガーボタンが押されたかどうかを取得できます。

【参考】
「Unity の XR 入力」(https://docs.unity3d.com/ja/2021.3/Manual/xr_input.html)

```
bool triggerValue;
if (_device.TryGetFeatureValue(UnityEngine.XR.CommonUsages.
triggerButton, out triggerValue) && triggerValue)
{
    // トリガーボタンが押されている
}
```

●弾を置く

「弾を置く」という処理は、その場所に「弾を作る」ということです。

Instantiateメソッドを呼び出すと、指定した位置に、オブジェクトを作れます。

C#で作ったスクリプトを、「右コントローラ自体 (RightHand Controller)」に追加した場合、transformプロパティで、自身の位置情報を取得できます。

そこで「コントローラと同じ位置・向き」で弾を作るには、次のようにします。これで新しく弾が「newbullet」として作られます。

```
GameObject newbullet = Instantiate(弾のオブジェクト,
    transform.position, transform.rotation);
```

　問題は、「弾のオブジェクト」をどうするかですが、Unityのスクリプトでは、変数を定義するときに、「[SerializeField]」というマークを付けておくと、スクリプトをコンポーネントとして設置したときに、それが入力欄として現れ、Unityの画面から設定できるようになります。

　たとえば、次のような変数srcを用意しておくとします。

```
[SerializeField] private GameObject src;
```

　このスクリプトをコンポーネントとして追加すると、その設定画面で、**図5-23**のようにsrcという値を設定できます。

　ここで「Bullet」を選択すると、スクリプトからは、srcという変数から、このBulletを参照できる、という具合です（**図5-23**）。

　つまり、**図5-23**のようにして選択した「Bullet」は、変数srcから参照できるので、先の「弾のオブジェクト」の部分は、変数srcを使って、次のように示せます。

```
GameObject newbullet = Instantiate(src,
    transform.  position, transform.rotation);
```

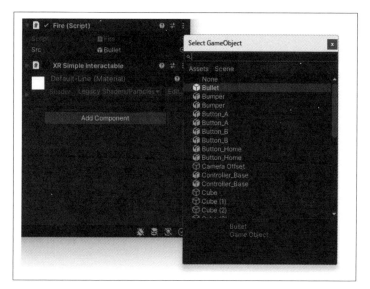

図5-23　[SerializeField]を付けた変数は入力欄が表示される

●弾を発射する

これで、弾が作られ、「newbullet」という変数に入ります。
この弾を発射します。

発射するには、物理演算で「力を加える」という処理をすればよく、
Rigidbodyオブジェクトの AddForce メソッドを呼び出します。
たとえば、次のように記述できます。

```
newbullet.GetComponent<Rigidbody>().AddForce(
    newbullet.transform.forward * 30f,
    ForceMode.Impulse);
```

GetComponetn メソッドは、結び付けられている、指定した種類のコンポー
ネントを取得する命令です。
ここでは「<Rigidbody>」を指定しているので、Rigidbodyオブジェクトを取
得できます。

Rigidbodyオブジェクトの AddForce メソッドを実行すると、指定した方向
に力を加えられます。
「newbullet.transform.forward」は、「newbullet」の「前方向」(forward)の向
きです。
これを30倍した値を設定しています。

最後の引数「ForceMode.Impulse」は、力の与え方です。ForceMode.
Impulse は、瞬時の衝撃力を加えるやり方ですが、それ以外にも、**表4-3**のい
ずれかを指定できます。

表5-3　ForceMode の設定値

設定値	意　味
Force	質量を用いて、継続的な力を加える
Acceleration	質量を無視して、継続的な加速を与える
Impulse	質量を用いて、瞬時の衝撃力を与える
VelocityChange	質量を無視して、瞬時の衝撃力を与える

●弾が消えるようにする

これで弾は出るのですが、そのままだと、弾がどんどん残ってしまいます。

そこで一定時間が経過したら、弾を削除することにします。
たとえば、5秒後に削除するには、次のようにします。

```
Destroy(newbullet, 5.0f);
```

■弾を撃つスクリプトを作りコンポーネントに設定する

以上の説明を踏まえて、弾を撃つスクリプトを実際に作り、コンポーネント
に設置していきます。

手　順	弾を撃つスクリプトを作りコンポーネントに設置する

[1]弾を撃つスクリプトを作る

　[Assets] メニューから [Create] ― [C# Script] をクリックします (図
5-24)。

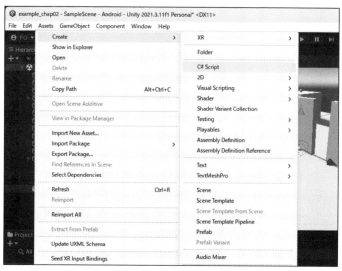

図5-24　[C# Script]を作る

[2] 名前を変更する

[Project]ウィンドウの[Assets]のなかに、スクリプトができます。

分かりやすくするため、右クリックして[Rename]を選択して、たとえば、「Fire」という風に名前を変えておきます。（図5-25）。

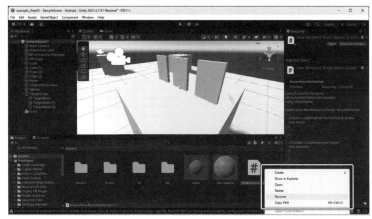

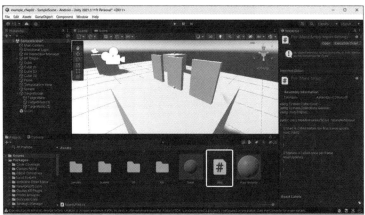

図5-25　スクリプトの名前を変更する

[3] スクリプトを編集する

作った「Fire」をダブルクリックします。

すると、結び付けられているエディタが起動するので、リスト5-2のように入力して保存してください。

入力には、2つの注意点があります。

---

①**文字コード**

文字コードは、「UTF-8」にしてください。

②**クラス名**

自動生成されたクラスは「public class NewBehaviourScript : MonoBehaviour」となっています。

この「NewBehaviourScript」は、**図5-25**で変更した名前と合致しなければなりません。

図5-25でファイル名を変更しても、この箇所は変わらないので、手動で「public class Fire : MonoBehaviour」のようにファイル名と合致したものに変更します。

リスト5-2　Fireスクリプト

```
using System.Collections;
using System.Collections.Generic;
using UnityEngine;

public class Fire : MonoBehaviour
{
    private UnityEngine.XR.InputDevice _device;

    // 弾のオブジェクトを設定できるようにする変数
    [SerializeField] private GameObject src;

    // Start is called before the first frame update
    void Start()
    {
        // 右手のコントローラを取得
        _device = InputDevices.GetDeviceAtXRNode(XRNode.RightHand);
    }

    // Update is called once per frame
    void Update()
    {
        bool triggerValue;
        if (_device.TryGetFeatureValue(
            UnityEngine.XR.CommonUsages.triggerButton, out
triggerValue) && triggerValue)
        {
            // トリガーボタンが押されているとき
            // 弾を作る
            GameObject newbullet = Instantiate(src,
transform.position, transform.rotation);
            // 弾を発射する
            newbullet.GetComponent<Rigidbody>().AddForce(
                newbullet.transform.forward * 30f,
                ForceMode.Impulse);
            // 5秒後に消えるようにする
            Destroy(newbullet, 5.0f);
        }
    }
}
```

[4] コンパイルを確認する

このファイルを編集して、Unityの画面に戻ると、スクリプトのコンパイルが始まります。

もし、プログラムに入力ミスがあると、[Console]に、エラーが表示されます。

確認して、もしエラーが発生していたら、プログラムに問題がないか確認し、再度編集して保存してください（図5-26）。

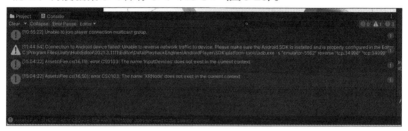

図5-26　エラーがある場合の表示

[メモ]

> [Console]は、[Window]メニューの[General]―[Console]で開けます。
> また、通信エラーなど、いくつかのエラーが発生することもあるため、[Console]に、いくつかのワーニングやコンパイルに関係ないエラーが発生しているときは、気にしないでください。
> コンソール左上の[Clear]をクリックすると、いままで表示されている内容を消去できます。

[5] 右コントローラに追加する

こうして作ったFireスクリプトを、右コントローラである[RightHand Controller]に設定します。

[Hierarchy]ウィンドウで[RightHand Controller]を選択します。
そして[Inspector]ウィンドウで[Add Component]と書かれているあたりに、[Fire]をドラッグ＆ドロップします（図5-27）。

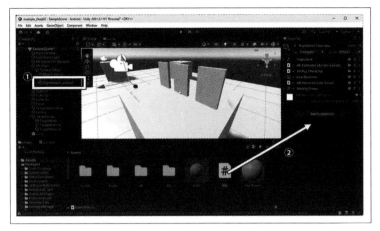

図5-27　右コントローラにFireを追加する

[6] srcにBulletを設定する

「[SerializeField] private GameObject src」に相当する入力欄が表示されます。ここで弾のモデルである「Bullet」を選択します（**図5-28**）。

図5-28　srcにBulletを設定する

[メモ]

> この設定は、スクリプトのソースを変更してビルドし直すと解除されてしまうことがあります。
> ソースを変更してUnityに戻ったあとは、設定が維持されているかを確認するといいでしょう。

[7] 不要なコンポーネントを一時的に無効にする

これまで、右コントローラの [RightHand Controller] には、「レイキャストでモノを掴む仕組み」が作られています。これらは必要ないので、いったん、解除しておきます。

それらの機能を提供する次のコンポーネントのチェックを外します (図5-29)。

・[XR Ray Interactor]
・[Line Renderer]
・[XR Interactor Line Visual]

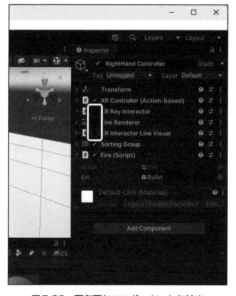

図5-29　不必要なコンポーネントを外す

[メモ]

　ここではチェックを外して一時的に無効にするだけですが、右クリックして [Remove Component] を選択して、削除してしまってもかまいません。

■動作確認

以上でプログラムは、完成です。

ビルドを実行して（[Ctrl]＋[B]キー）、Meta Quest 2で動作確認します。

右コントローラのトリガーボタン（人差し指のボタン）を押すと、弾が出るのがわかるはずです。弾が当たれば、的が倒れます（図5-30）。

わざとコントローラを床に向けてトリガーを打つと、打った弾が溜まり、5秒後には消えるような動作も確認できるはずです（図5-31）。

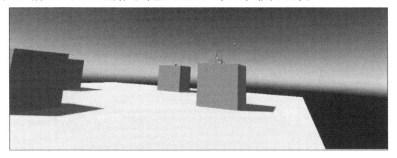

図5-30　トリガーボタンで弾が飛び、的に当たれば倒れる

図5-31　床に打つと弾が溜まり、5秒後には消える

Column Android Device Monitorを使ったデバッグ

この章では、はじめて「スクリプト」を使いました。

スクリプトが間違っていると、プログラムが異常終了したり、途中から動かなくなったり、最初から実行が失敗して真っ暗になったままになるなど、「原因が分からないたけれども、何かおかしい」ということになりがちです。

Unityでは、[Console] ウィンドウで実行時の状態を見られるのですが、Meta Quest 2で実行しているときは、状況が表示されません。

しかし、「Android Device Monitor」を使うと、現在の状態を確認できます。Android Device Monitorは、次の場所にあります。

```
C:¥Program Files¥Unity¥Hub¥Editor¥バージョン番号¥Editor¥Data¥PlaybackEngines
¥AndroidPlayer¥SDK¥tools¥lib¥monitor-x86_64
```

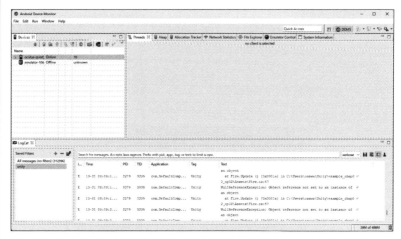

図5-32　Android Device Monitor

[メ モ]

> このフォルダのmonitor.exeを実行すると、Android Device Monitorが起動しますが、JDKの場所が設定されていないときは、動きません。簡単に動かすには、「C:¥Program Files¥Unity¥Hub¥Editor¥バージョン番号¥Editor¥Data¥PlaybackEngines¥AndroidPlayer¥OpenJDK」フォルダのjreフォルダ以下を、このmonitor-x86_64フォルダの下にコピーします。

Android Device Monitor を起動すると、Unity 以外にも Meta Quest 2 で発生した、さまざまなメッセージが表示されます。「Unity」で絞り込むと、そのエラー情報がわかります。たとえば、src に Bullet を設定し忘れたような場合には、図5-32 のように表示されます。

また、プログラム中に、Debug.Log 命令で出力すると、そのメッセージも表示されるので、「どこまで実行されているか」「変数の中身は正しいか」などを確認するのにも役立ちます。

[メモ]

　出力を「Unity」だけに絞り込むには、左下の [Saved Filters] のところで [＋] をクリックして「Unity」というフィルタ条件を登録します。

第6章

リアルなVR空間にする

これまでやってきた内容では、キューブや球などしか表示されておらず、無機質なものでした。

この章ではUnityのさまざまの機能やアセットを使って、リアルなVR空間を楽しみます。

6-1　この章で作るもの

この章では、「リアルなVR空間」を作ることを目指します。

そのためには、キューブや球などではない、「リアルな3Dモデル」が必要です。

リアルな3Dモデルは、3Dソフトウェアを使って自分で作ることもできますが、それはとっても大変です。そこで活用したいのが、Unityの「アセットストア」です。

アセットストアは、「自分のUnityプロジェクトに組み込んで使える、モデルやプログラム集」です。
さまざまなモデルがあり、それを取り込むことで、すぐに自分のプロジェクトで活用できます。

6-2 「アセットストア」でアセットを入手する

アセットは、「アセットストア」から入手できます。

いくつかのアセットを入手してみましょう。

■アセットストアを開く

アセットストアは、次のURLから開きます。

【アセットストア】

https://assetstore.unity.com/

検索ボックスに、欲しいアセット名などを入力することで、探します。

図6-1　アセットストアを開く

[メモ]
> アセットストアで配布されているアセットは、さまざまなデベロッパーが提供しているものです。
> デベロッパーは、アセットの公開や非公開、価格などを自由に設定できるので、本書で紹介しているアセットが、すでに提供されていないこともありますし、有料に変わっていることもあります。ご了承ください。

■銃のアセットを使う

　ここでは**第5章**で作った、「右コントローラから弾が出る」というのを少しリアルにしてみたいと思います。

　「銃」のアセットを探しましょう。

●銃のアセットを探す

　アセットストアで「銃」と入力して検索すると、いくつかの銃が見つかるはずです（**図6-2**）。

　右側の「絞り込み」の部分では、さらに絞り込めます。

　［無料のアセット］にチェックを付けると、無料で使えるものだけに絞り込めます（**図6-3**）。

図6-2　「銃」を検索したところ

図6-3　絞り込みの設定

　実際に、[無料のアセット]で検索すると、本書の執筆時点では、4つの銃が
見つかりました(**図6-4**)。

図6-4　無料の「銃」を探したところ

ちょっと「想像と違う」と思うかと思います。

実は、Unityのデベロッパーは、海外勢が多くて、日本語で「銃」と検索しても、見つからないことが多いです。

代わりに「gun」で、無料の中から探してみると、もっとたくさん見つかります（図6-5）。

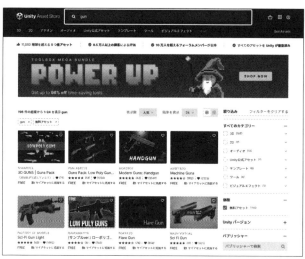

図6-5　無料の「gun」を探したところ

この中から使いたいものを選びましょう。

好みで選べばいいですが、ここでは、「Modern Guns：Handgun」（NOKO BOT）を使います。

[メモ]

> これは図6-5の左上から3番目ですが、順序は変わるので、同じものを使いたいなら、「Modern Guns：Handgun」で検索してください（もしストアにないときは、他のアセットを使ってください）。

●マイアセットに追加する

使いたいアセットをクリックして、詳細ページを開くと、その内容やライセンスなどが表示されます。

[マイアセットに追加する]ボタンをクリックして、マイアセットに追加します（図6-6）。

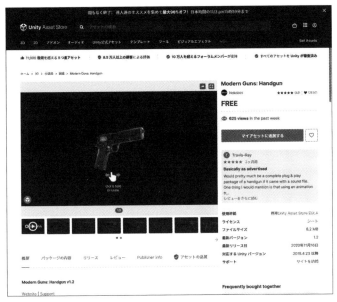

図6-6　マイアセットに追加する

　マイアセットに追加するには、「Unity ID」でのログインが必要です。ログインしていない場合は、ログインを促されるので、ログインしてください。

　追加すると、**図6-7**の画面が表示されるので、そのまま閉じます。

図6-7　マイアセットに登録されたところ

●マイアセットからインポートする

　マイアセットに登録されたものは、パッケージマネージャから利用できます。

　第5章までに作ってきたプロジェクトを開いた状態で次の操作をして、マイアセットに登録した「銃」をインポートするには、次のようにします。

手　順　マイアセットに登録されているものをインポートする

[1] パッケージマネージャを開く

[Window]メニューから[Package Manager]を開きます（図6-8）。

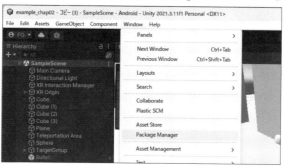

図6-8　Package Managerを開く

[2] マイアセットに切り替える

左上のドロップダウンをクリックし、[My Assets]に切り替えます（図6-9）。

図6-9　マイアセットに切り替える

[3] 使いたいアセットをダウンロードする

マイアセットに登録したアセットが見つかるはずです。

右下の[Download]をクリックします（図6-10）。

※この操作は、初回だけ必要です。

図6-10　ダウンロードする

[4] インポートする

　ダウンロードが終わると、ウィンドウ下に [Import] というボタンが表示されます。

　このボタンをクリックして、プロジェクトにインポートします（図6-11）。

図6-11　インポートする

[5] インポートするものを決める

このアセットに含まれるものの一覧が表示されるので、どれをインポートするのかを決めます。

必要なものだけインポートするのがいいですが、ここでは、全部インポートすることにします。

すべてにチェックを付けた状態で、右下の[Import]をクリックします。

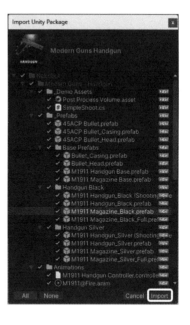

図6-12　インポートするものを決める

[6] プロジェクトに取り込まれた

[Project]ウィンドウを確認すると、[Assets]に登録されたことが分かります。

[Meshes]以下には、「ハンドガン」や「弾」が登録されています（図6-13）。

図6-13　[Assets]に登録された

●モデルを利用する

ここまでできたら、あとは、使うだけです。

これまで使ってきた右コントローラのモデルを、この銃のモデルに差し替えます。

手　順　銃のモデルを差し替える

[1]右コントローラのモデルを削除する

[Hierarchy] ウィンドウで、右コントローラを記す [RightHand Controller] の下に配置している「XRControllerRight」を右クリックし、[Delete] を選択して削除します（**図6-14**）。

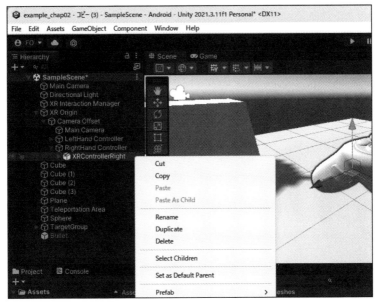

図6-14　右コントローラのモデルを削除する

[2] 銃のモデルを取り付ける

　インポートしたアセットの「銃のモデル」（M1911 Handgun）を、
[RightHand Controller]の上にドラッグ＆ドロップします（図6-15）。

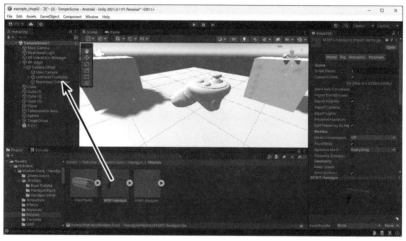

図6-15　銃のモデルをドラッグ＆ドロップする

[メモ]

> 　図6-15では、図6-14の操作で消したはずのコントローラがまだ残っているように見えますが、これは「同じ場所に配置されている左コントローラ」です。
> 紛らわしいですが、ここでの操作とは関係ありません。

[3] 位置や大きさを調整する

[Transform]で、位置や大きさなどを調整します。

サイズはだいたい実寸のことが多いので、調整しなくてよいはずです。

弾の出る位置などを適宜（今回の場合は弾が(0, 0, 0)から出るので、銃口をこの位置にする）、目視で合わせます（**図6-16**）。

図6-16　[Transform]で位置や大きさを調整する

[4] 動作を確認する

ビルドを実行して（[Ctrl]＋[B]キー）、Meta Quest 2で動作確認します。右手が「銃」に変わります（**図6-17**）。

図6-17　銃に変わった

■的や机となるアセットを入手する

ここから先は、お絵かきと地道な作業の世界です。

このアセットには、「弾丸」も入っているので、弾は、このモデルに変えるとよいでしょう。

ほか、机や的など、好きなアセットを入手して並べていきます。本書では、これまで的を「キューブ」として作成してきましたが、リジッドボディを設定すれば、どんな形状でも物理計算できます。

いろいろとアセットを探して、好きな空間を作ってみてください。

たとえば、「Japanese-Style:Low Table Pack（MSTK Studio）」（図6-18）と「Lowpoly training dummy（iltaen）」（図6-19）を組み合わせて作ったVR空間を、図6-20に示します。

[メモ]

> Lowpoly training dummy（iltaen）には、リジッドボディが設定されていないので、そのままだと、弾が素通りします。

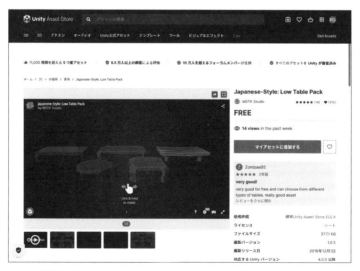

図6-18　Japanese-Style:Low Table Pack（MSTK Studio）

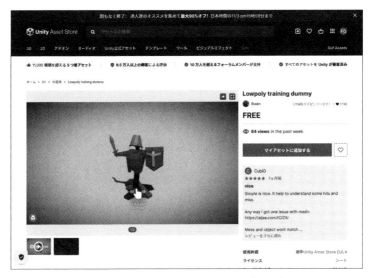

図6-19　Lowpoly training dummy（iltaen）

図6-20　アセットを組み合わせて作った空間

Column リアルな地面にする

地面にも、さまざまな効果を与えて、よりリアルにできます。

もっとも簡単なのは、「テクスチャ」を貼り付けることです。
ここで紹介した「Japanese-Style:Low Table Pack (MSTK Studio)」には、日本風の板敷きのテクスチャが収録されています。これを床 (Plane) に適用すると(ドラッグ&ドロップで適用できます)、雰囲気が大きく変わります(図6-21)。

よりリアルな地面にするには、Planeオブジェクトの代わりに「Terrain (テライン)」を使うのもよいでしょう。Terrainは、マウス操作で起伏を作れる「面」で、山や谷などを作れます。

図6-21　地面にテクスチャを貼ったところ

6-4 VR空間で町歩きを楽しむ

最後に、VR空間で、街歩きを楽しむ方法を紹介します。

■アセットの街セット

アセットストアには、いくつかの「街」のセットがあります。これらを取り込めば、簡単に町歩きが楽しめます。

たとえば、「Japanese Matsuri City」(ZEJNRIN CO.,LTD.)は、福岡の博多を再現したアセットです(図6-22)。

図6-22　Japanese Matsuri City (ZEJNRIN CO.,LTD.)

このアセットはオブジェクトがたくさんあって、自分でビルを並べていくのは大変なので、[Scenes]のなかの「sample」のシーンを改良して進めるのがいいでしょう。

このsampleシーンに対して、第2章の「2-5　XR Originの配置」で説明したように、「XR Origin(VR)」を追加すれば、それだけでVR対応になります(図6-23)。

　さらに「3-3　コントローラで動けるようにする」を実施すれば、この街を歩けるようになります（図6-24）。

　ちなみにこのサンプル、「ワッショイワッショイ」と、音も流れていて、とても楽しいです。

図6-23　[XR Origin(VR)]を追加する

図6-24　博多の街を歩く

■PLATEAUで現実の「東京」を歩く

国土交通省は、「PLATEAU（プラトー）」というプロジェクトで、日本の「3D都市モデル」を無償で配布しています。

データは、「G空間情報センター」の「3D都市モデル（Project PLATEAU）ポータルサイト」（https://www.geospatial.jp/ckan/dataset/plateau）からダウンロードできます。

さまざまな形式のデータが提供されているのですが、そのうちの「FBX形式のデータ」をUnityで読み込めます。

例として、「東京の街」を歩けるようにしてみます。

●FBXのダウンロード

東京都23区の「3D都市モデル」は、下記のページからダウンロードできます。

【3D都市モデル（Project PLATEAU）東京都23区】

https://www.geospatial.jp/ckan/dataset/plateau-tokyo23ku

いくつかのファイル形式がありますが、Unityで扱うのであれば、「FBX」がいいです。ページから、FBX形式ファイルをダウンロードします（図6-25）。

ファイルサイズは、2.8Gバイトと大きいので注意してください。

図6-25　FBX形式ファイルをダウンロードする

●ファイルの特定

　PLATEAUのデータは、分類・種別ごとに複数のフォルダに分けられています。ビルなどの建築物は、bldgフォルダに格納されています。

　bldgフォルダは、さらに「lod1」と「lod2」に分かれ、その下に、「53392546_bldg_6677.fbx」のような名前で、ファイルが格納されています。

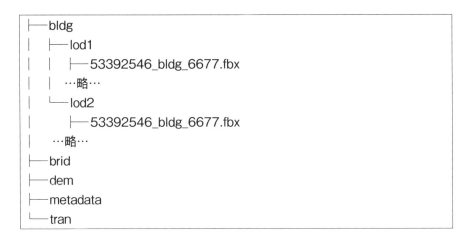

```
├──bldg
│　├──lod1
│　│　├──53392546_bldg_6677.fbx
│　│　…略…
│　└──lod2
│　　　├──53392546_bldg_6677.fbx
│　…略…
├──brid
├──dem
├──metadata
└──tran
```

　「lod1」と「lod2」との違いは、「詳細度」です。

　それぞれ、「LOD1」「LOD2」のように大文字で書く精細度の区別のことで、LOD1は直方体の組み合わせで作られたモデルです。
　LOD2はもっと細かく造形されていて、テクスチャも付いている反面、処理速度は遅くなります。
　また、LOD2は、一部の地域だけしか収録されていません。

　ダウンロードした東京都23区のFBX形式ファイルのアーカイブのなかには、「**東京都23区　データ構築範囲索引図**」というPDFファイル（13100_indexmap_op.pdf）が含まれており、「53392546」のようなファイル名と場所の関係、それから、LOD2が提供されている地域がどこかが記されています（**図6-26**）。
　この地図から、使いたい場所のファイル名を特定し、そのFBX形式ファイ

ルを利用します。

　ここでは、東京駅近辺の「53394611_bldg_6677.fbx」というファイルを使います。

　このファイルは、lod1フォルダとlod2フォルダの両方にあります。

　まずはlod1フォルダにあるもので試して、うまくいったら、lod2フォルダにあるもので試してみるといいでしょう。

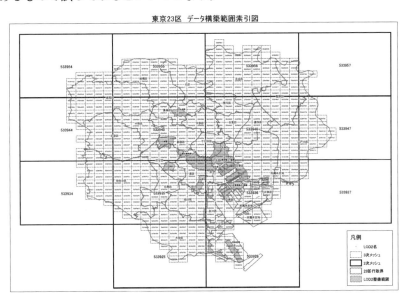

図6-26　東京都23区　データ構築範囲索引図

Column 場所の特定

PLATEAUで区切られている区画は「2次メッシュ」や「3次メッシュ」と呼ばれるもので、統計でよく使われる区切りの単位です。

たとえば、「地図で見る統計（jSTAT MAP）」（https://jstatmap.e-stat.go.jp/）では、設定で「3次メッシュ」を表示するように構成することで、地図上で、このメッシュコードを調べられます（図6-27）。

図6-27　jSTAT MAPでメッシュコードを調べる

●PLATEAUの3D都市をUnityに読み込んで調整する

Unityでは、FBX形式のファイルを、そのまま読み込めます。

第2章で説明した方法で初期設定まで済ませておき、次のようにします。

手　順　　PLATEAUの3D都市モデルをUnityに読み込んで調整する

[1] FBXを読み込む

　[Project]ウィンドウの[Assets]のところに、使いたいFBX形式ファイル（53394611_bldg_6677.fbx）をドラッグ＆ドロップします。

　すると、コンバートが実行され、モデルとして登録されて使えるようになります（図6-28）。

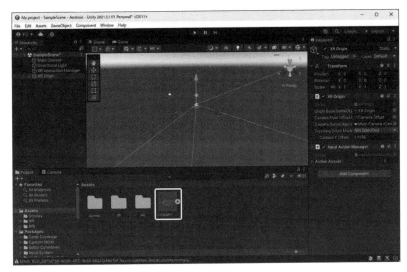

図6-28　FBXを読み込んだところ

[2] シーンに配置する

シーン上にドラッグ＆ドロップして配置します（図6-29）。

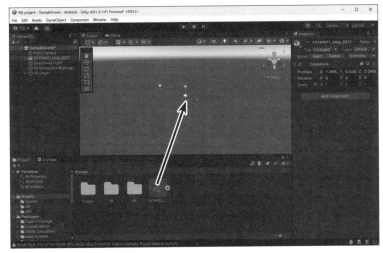

図6-29　配置する

[3]位置と大きさを設定する

　PLATEAUのモデルは、100分の1スケールに設定されています。

　そこで、[Inspector]ウィンドウの[Transform]で「Scale」を(100, 100, 100)にして、100倍にします(**図6-30**)。

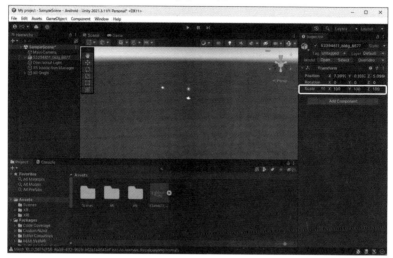

図6-30　100倍にする

[4]近くにもってくる

　FBX形式ファイルは、「平面直角座標系」という座標系となっており、東京近辺の地図は、埼玉と千葉の県境のあたりが原点となっているため、ここで表示しようとしている東京駅の辺りは、「とても遠く」にある状態です。

　カメラを移動する、もしくは、モデルを移動することで、見えるようにします。

[メモ]

> 平面直角座標系については、国土地理院の「わかりやすい平面直角座標系」(https://www.gsi.go.jp/sokuchikijun/jpc.html)を参照してください。

　もっとも簡単なのは、「XR Origin」の近くにもってくることです。

　たとえば、次のようにします。

①[Hierarchy] ウィンドウで、[XR Origin] をダブルクリックします。これで、XR Origin をシーンウィンドウの中心に表示できます。

②マウスのホイールを回して、少し引いた位置で見えるようにします

③3D都市モデル (533941611_bldg_6677) を右クリックし、[Move to View] を選択します。すると、「見えている場所」にモデルが引き寄せられます (図6-31、図6-32)。

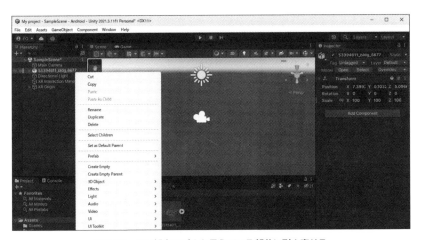

図6-31　3D都市モデルを見えている部分に引き寄せる

図6-32　3D都市モデルが表示された

●都市を歩き回る

これで完成です。

第3章で設定したように、XR Originの配下のコントローラに移動や回転できるように設定すれば、PLATEAUの3D都市モデルを歩き回れます。

図6-33は、立方体だけのLOD1のデータを使ったときの例です。テクスチャを加えたLOD2のほうを採用すれば、**図6-34**のように、とても精細に表示されます。

PLATEAUでは地形のデータも配布しているので、それらを組み合わせれば、よりリアルな街を再現できます。

図6-33　LOD1のデータを使った例

図6-34　LOD2のデータを使った例

Column LOD2の場合

LOD2の場合、ドロップしてから処理が完了するまで、とても時間がかかります。筆者の環境では、コンバートが完了するのに1時間以上、かかりました。

また読み込んだ直後は、テクスチャが貼られていません。

テクスチャを有効にするには、[Project]ウィンドウで該当のモデルをクリックし、[Inspector]の[Materials]にある[Location]で、[Use External Materials(Legacy)]を選択して[Apply]をクリックします。このテクスチャの貼り付けにも、1時間以上かかりました（図6-35）。

図6-35 テクスチャを貼り付ける

6-5　XR Interaction Toolkitで何でもVR！

　この章で説明したように、アセットストア、そしてPLATEAUの3D都市モデルなど、「すぐ使える3Dモデル」は、世の中にたくさんあり、そこに「XR Interaction Toolkit」を使えば、どんなものも、簡単に「VR」になります。

　ここまで見てきたように、本当に、「XR Origin」を取り付けるだけなので、手軽です。

　Unityでは、FBX形式になれば、それを読み込むことができますから、最近流行の「iPhoneなどのLiDARカメラで撮影した部屋」をUnityに取り込んで、その空間を歩くようなこともできます。

　皆さんも「いろんなVR」を、ぜひ楽しんでみてください。

索引

157

■著者略歴

大澤　文孝（おおさわ　ふみたか）

技術ライター。プログラマー。
情報処理技術者（情報セキュリティスペシャリスト、ネットワークスペシャリスト）。
雑誌や書籍などで開発者向けの記事を中心に執筆。主にサーバやネットワーク、
Webプログラミング、セキュリティの記事を担当する。
近年は、Webシステムの設計・開発に従事。

[主な著書]

「プログラミングの玉手箱」
「Remotteではじめるリモート操作アプリ開発」
「「Wio Terminal」で始めるカンタン電子工作」
「TWELITEではじめるカンタン電子工作改訂版」
「Jupyter Notebook レシピ」
「「TWELITE PAL」ではじめるクラウド電子工作」「M5Stackではじめる電子工作」
「Python10行プログラミング」「sakura.ioではじめるIoT電子工作」
「TWELITEではじめるセンサー電子工作」「Amazon Web ServicesではじめるWebサーバ」
「プログラムを作るとは？」「インターネットにつなぐとは？」
「TCP/IPプロトコルの達人になる本」　　　　　　　　　　　　（以上、工学社）

「ゼロからわかる Amazon Web Services超入門 はじめてのクラウド」　　　（技術評論社）

「ちゃんと使える力を身につける Webとプログラミングのきほんのきほん」　（マイナビ出版）

「UIまで手の回らないプログラマのための Bootstrap 3実用ガイド」　　　（翔泳社）

「さわって学ぶクラウドインフラ　docker基礎からのコンテナ構築」　　　（日経BP）

本書の内容に関するご質問は、
①返信用の切手を同封した手紙
②往復はがき
③ FAX (03) 5269-6031
　（返信先の FAX 番号を明記してください）
④ E-mail　editors@kohgakusha.co.jp
のいずれかで、工学社編集部あてにお願いします。
なお、電話によるお問い合わせはご遠慮ください。

サポートページは下記にあります。

［工学社サイト］
http://www.kohgakusha.co.jp/

I/O BOOKS

「Unity」で作るVR空間入門

2022年11月30日　初版発行　ⓒ2022	著　者	大澤　文孝
	発行人	星　正明
	発行所	株式会社工学社
	〒160-0004 東京都新宿区四谷 4-28-20 2F	
	電話	(03)5269-2041 (代) ［営業］
		(03)5269-6041 (代) ［編集］
※定価はカバーに表示してあります。	振替口座	00150-6-22510

印刷：(株)エーヴィスシステムズ　　　　　　　　　　　　ISBN978-4-7775-2226-2